大学生劳动教育与素质养成

邵国莉 著

吉林摄影出版社
·长春·

图书在版编目（CIP）数据

大学生劳动教育与素质养成 / 邵国莉著. -- 长春：吉林摄影出版社，2021.12

ISBN 978-7-5498-5228-4

Ⅰ. ①大… Ⅱ. ①邵… Ⅲ. ①大学生－劳动教育－研究 Ⅳ. ①G40-015

中国版本图书馆CIP数据核字(2022)第024251号

大学生劳动教育与素质养成
DAXUESHENG LAODONG JIAOYU YU SUZHI YANGCHENG

著　　者	邵国莉
出 版 人	车　强
责任编辑	吴　晶
封面设计	晟　熙
开　　本	787 毫米 ×1092 毫米　1/16
字　　数	110千字
印　　张	5.25
版　　次	2021年12月第1版
印　　次	2021年12月第1次印刷
出　　版	吉林摄影出版社
发　　行	吉林摄影出版社
地　　址	长春市净月高新技术开发区福祉大路5788号 邮编：130118
网　　址	www.jlsycbs.net
印　　刷	北京宝莲鸿图科技有限公司
书　　号	ISBN 978-7-5498-5228-4　　　定　价：56.00 元

版权所有　侵权必究

前 言

新时期加强劳动教育,要开足开好国家规定的综合实践活动课程、通用技术课程,把课程育人作为实施劳动教育的重要途径;要在学校日常运行中渗透劳动教育,组织学生开展校内劳动;要充分利用劳动教育实践基地、综合实践基地和其他社会资源,组织学生参加校外劳动;要密切家校联系,安排适量的劳动家庭作业,鼓励学生参加家务劳动。总之,要充分发挥劳动的综合育人功能,培养学生自觉劳动、勇于创造的精神,提高学生的劳动素养,学会珍惜劳动成果,尊敬劳动人民,摒弃不劳而获的错误思想,在劳动中体会劳动的价值和意义,进而形成良好的劳动习惯和积极的劳动态度,树立正确的劳动价值观。

劳动创造了财富,也创造了人。生活靠劳动创造,人生也靠劳动创造。劳动把人的知识、能力、智慧、思想、道德、情操等融为一体,提升人的整体素质,具有综合的育人功能和独特的育人价值。马克思在《资本论》中说:"未来教育对所有已满一定年龄的儿童来说,就是生产劳动与智育和体育相结合,它不仅是提高社会生产的一种方法,而且是造就全面发展的人的唯一方法。"因此,劳动教育是马克思主义教育思想的核心内容,是中国特色社会主义教育的标志性特征。新时期加强劳动教育,是全面贯彻党的教育方针的基本要求,也是落实立德树人根本任务的有效途径。

创新人才是在知行领域中有所发现和发明,为社会作出了贡献的人。创新人才造就于社会支持系统中。作为创新人才成就条件之一的创新能力,主要是由知识、智力和人格等创新素质有机构成的,成功完成某种创新活动的能力。它生发于创新活动中。人的知识、智力和人格等创新素质养成于集"教、学、习"三位一体的教育训练中,特别是学校教育中,尤其是大学教育。为此,要提倡和坚持高校关于大学生创新素质教育的全员面向、志向优先、个性放飞和双向参与,要不断革新大学教育的理念和方法。

目 录

第一章 大学生劳动教育概述 ·· 1
 第一节 大学生劳动教育现状 ··· 1
 第二节 大学生劳动教育的意义 ··· 4
 第三节 大学生劳动教育诉求 ·· 11

第二章 大学生劳动教育的主要内容 ··· 16
 第一节 生活劳动与大学生劳动教育 ······································ 16
 第二节 思政教育与大学生劳动教育 ······································ 19
 第三节 立德树人与大学生劳动教育 ······································ 23
 第四节 "三全育人"与大学生劳动教育 ··································· 25
 第五节 精神培育与大学生劳动教育 ······································ 29
 第六节 传统文化与大学生劳动教育 ······································ 33

第三章 大学生劳动教育的精神谱系 ··· 37
 第一节 弘扬劳模精神 ·· 37
 第二节 传承工匠精神 ·· 42

第四章 大学生的劳动素养教育 ·· 46
 第一节 大学生的劳动素养教育问题与现状 ································ 46
 第二节 大学生劳动素养评价指标体系构建 ································ 51
 第三节 "三全育人"与大学生劳动素养培育体系建构 ····················· 54

第五章 礼仪与自身素质修养 ·· 57
 第一节 礼仪与思想道德修养 ·· 57
 第二节 礼仪与艺术修养 ·· 64

第三节 健全的身心素质 …………………………………………………… 66
第四节 大学生思想道德修养与礼仪修养 ……………………………… 73

参考文献 ……………………………………………………………………… 75

第一章 大学生劳动教育概述

第一节 大学生劳动教育现状

大学生是建设中国特色社会主义的中坚力量，这一群体的思想观念和价值取向会影响未来社会发展的进程。社会的物质文明与精神文明都需要劳动来创造，所以，劳动观教育至关重要。

党和国家十分重视培养学生的劳动观，通过学校教育、思想宣传等方式来树立学生正确的劳动观。在新时代下，我国对外面临着激烈的国际竞争，对内有着全面建成小康社会、实现中华民族伟大复兴的历史使命。在这样的背景下，对大学生树立正确的劳动观有着重要的现实意义。

一、当代大学生劳动观教育的意义

（一）有利于大学生健康成长

大学生知识的积累不仅来自课堂教育，也来自劳动实践。劳动促进大学生全面发展，塑造其独立的思想，提高其适应社会的能力。当前的大学生群体有着诸多特点：首先是成长于互联网时代。一方面，互联网使信息的生产和传播的门槛降低，信息量骤增，学生在成长过程中受到各种类型的信息的影响。另一方面，互联网的便捷也使这一群体产生"宅"文化，对劳动有一定的抵触心理。其次是大多为独生子女，由于学业繁重等客观因素以及家人溺爱等主观因素，他们当中一些人生活能力较差，缺乏独立能力，对劳动有着错误的认识。这些因素导致部分大学生存在贪图享乐、铺张浪费、缺少艰苦奋斗精神等问题，影响其健康成长。高校科学的劳动观教育可以改变大学生对劳动的错误认知，培养其对劳动的热爱之情，帮助其增强奋斗精神。

（二）有利于大学生树立正确的就业观

由于错误的劳动观的影响，少数大学生的就业态度存在问题。部分大学生对体力劳动较为抵触。同时，部分大学生不愿从基层做起，而更希望直接成为管理者。正确的劳动观教育可以使学生认识到工作没有高低贵贱之分，社会化的劳动分工是市场的需求，只有通过不同的劳动内容进行交换与合作，才能构建高效的社会劳动体系。

2015年，大学生创业成为我国的热点现象。然而，《2018年中国大学生就业报告》显示，即使在创业氛围良好的地区，大学生创业的成功率也只有5%。创业需要具有勇于探索、敢于创新、屡败屡战的奋斗精神。科学的劳动观教育可以使大学生对创业的困难和所需的艰苦劳动有正确的认识，通过积极和创新的劳动去解决创业中遇到的问题，提升创业成功率。

（三）有利于大学生参与到中国特色社会主义建设事业中

大学生是未来社会劳动的主力军，是建设中国特色社会主义的中坚力量。然而，少数大学生对劳动的理解过于片面，不愿主动地参与到社会建设的劳动中，缺乏合作和奉献精神，与中国特色社会主义建设事业的要求不符。科学的劳动观教育可以让大学生理解劳动对社会的价值，一方面使大学生发自内心地尊重劳动人民和别人的劳动成果，培养积极的劳动观念，提升自身的使命感；另一方面可以提高大学生参与劳动的主动性，让学生从劳动中提升自身能力，以更高的能力和更强的意愿参与到中国特色社会主义建设事业中。

二、大学生劳动观教育的现状分析

（一）劳动观趋于功利化

随着市场经济的繁荣以及国内外信息交流的频繁，一些大学生受到不良思想的影响，形成功利化的劳动观，认为劳动的唯一目的是获得经济利益，没有将劳动的价值升华到帮助他人、服务社会的崇高理念上。同时，盲目地羡慕高收入的奢侈生活，导致内心浮躁，妄想不劳而获。长此以往，学生和社会的发展都会受到阻碍。

（二）劳动观教育的内容和形式缺乏时代性

几十年来，我国处于高速发展的时期，社会、文化等方面的变化也随之加快，原来以十年为一代人的观念有所改变，这是人群特征变化加速的表现。然而，高校劳动观教育的内容和形式却缺少相应的变化，仍是以课堂教育为主，多为理论知识的传授，对互联网、新媒体等新技术运用不够，趣味性和实践性不强，无法适应新时代的需求和大学生的偏好，导致课程内容乏味、形式死板，大学生的接受程度不高。

（三）缺乏完善的教育体系

当前，大学生劳动观教育的体系还不够完善，在观念、管理、制度等方面还有改进的空间。

观念上，当前的高校教学仍然以理论知识传授为主，形式主要为课堂教学，对劳动观教育和劳动实践不够重视，其根源在于一些高校缺乏对大学生劳动观教育重要性的认识，导致对劳动观教育的课程设置较少，无法使学生得到实质性的提升。同时，高校劳动观教育在师资、资金等方面得不到有力的支持，教师多为其他课程教师或辅导员，少数教师没有接受过专业的劳动观教育培训，对理论知识和授课方式没有深入研究，导致教学效果差。劳动观教育需要开展大量的实践活动，要有一定的资金支持。缺乏资金导致劳动实践教育流于形式，使大学生丧失接受劳动教育和进行劳动实践的积极性。

管理上，当前，高校的劳动观教育缺乏完善的管理制度，一些高校没有设立专门的管理机构进行统筹规划，导致缺乏固定的组织部门对该方面的事务进行管理，同时，缺乏专业的人员进行具体管理，导致劳动观教育无法系统地、持续地进行。

制度上，高校劳动观教育缺乏从教学计划到考评机制的制度体系，尤其是在考评机制方面，一方面缺乏对劳动观教育质量的考评，另一方面缺乏对大学生劳动观教育成果的考评，导致大学生对劳动观教育的重视程度不足。

三、加强大学生劳动观教育的对策建议

（一）提高高校和大学生对劳动观教育重要性的认识

教育与劳动相结合是我国重要的教育方针之一。高校需要转变传统观念，认识到劳动观教育的重要性，探索出一条培养综合性人才的道路。劳动观教育对提高大学生个人素质、就业能力以及促进社会健康发展、推动中国特色社会主义建设等有着重要的作用。高校应当积极地实施劳动观教育，将其融入整个教育体系，重视对该方面的理论研究，并与实践相结合，使其成为高校教育不可或缺的部分。

对于大学生而言，首先要认识到劳动观教育对自身发展的重要性。在就业压力日趋增加的当前，胜任工作的能力要求也随之提高，大学生不能仅仅停留在对理论知识的学习上，还要通过积极参与劳动来提升自身的实践能力，培养艰苦奋斗的精神，这样才能在工作中脚踏实地、不屈不挠，更好地胜任工作，完成工作任务。其次要认识到科学的劳动观对社会发展的重要性。一名合格的大学生不仅应具备综合性的个人素养，还应该有崇高的理想和正确的价值观，明确自己所肩负的社会责任和国家使命。理想的实现需要进行艰苦卓绝的劳动，而为社会作出贡献的劳动过程也是自身的能力得到提升、价值得以体现的过程。

（二）教育内容和形式要贴近学生实际情况

新时代，高校的劳动观教育要以大学生为中心，劳动观教育的内容和形式应当符合当代大学生的实际情况和需求，以兴趣为出发点，提升劳动对大学生的吸引力，促进大学生全面发展。首先，要针对每一代大学生的特点设计不同的教育方案，从大学生所处时代的群体特征、成长背景、心理特质等方面入手，采用符合互联网时代特征的教育内容，通过多样化的方式，培养大学生对劳动的兴趣。其次，要解决大学生实际遇到的问题。劳动教育有一定的差异性，不同的学生在劳动实践中遇到的问题也有很大的差别。劳动观教育应当考虑到这一差异，安排教师进行有针对性的辅导，切实解决大学生实际遇到的问题，使劳动观教育取得真正的实效。

习近平总书记指出："每个时代都有每个时代的精神，每个时代都有每个时代的价值

观念。"在科学技术快速发展的时代背景下,传统的劳动观已无法适应当前的社会发展需求,创新实践成为劳动的新主题,也成为一个国家在世界体系中保持核心竞争力的关键。因此,在培养大学生时应当注重劳动的创新性。大学生正处于充满活力、创新能力强的人生阶段,具有敢于创新、渴望创新的特点。因此,高校劳动观教育的内容应当结合创新理念,以国家倡导的"理论创新、制度创新、科技创新、文化创新"为核心,在教育过程中通过劳动激发大学生的创新思维,培养大学生的创新劳动观念,提高大学生将想法转化为创新、再转化为成果的能力,突显大学生劳动观教育的时代性。

(三)构建完善的劳动观教育体系

大学生的劳动观教育还需要进行包括方法、组织、管理制度等在内的多元体系建设,需要形成完善的教育体系。

方法上,应当把理论与实践结合起来。劳动本身就是一种实践活动,如果过于偏重理论教育,就难以有效进行劳动观教育。因此,向大学生阐述劳动的意义和最新的研究成果的同时,应该加入一定的实践活动。一方面要使学生领会劳动观的精神内核,从思想上发生转变,另一方面要让学生在实践中运用所学的知识,并从实践中总结经验,使理论内化为自身的价值观和行为准则,从而做到内在与外在的统一。

组织上,高校应当设立专门的劳动观教育部门,全方位地管理劳动观教育的教学、考评、师资、科研、资金等,从而使大学生劳动观教育工作制度化、常态化。该部门的主要工作是培养一批专业教师,并且进行深入的劳动观教育研究,使教育内容和形式符合时代的需求,同时,保障教育体系所需的人力、物力和财力,使劳动观教育长期有序地进行。

制度上,首先,要健全考评机制。考评机制不仅可以对学生学习成果进行评价,也可以使学生更加重视劳动观教育。健全的考评机制可以调动学生参与学习的积极性,使教师及时发现学生的问题,并提出有针对性的解决方案。

同时,教师也可以通过考评结果进行反思,不断优化教学内容和方法,始终保持教学的科学性和适用性。其次,要建立大学生劳动观的应用制度,即通过与企业、公益组织等机构合作,使学生的劳动观有实践的场所,让大学生认识到劳动观教育并非空泛的教育,而是有实际作用的,可以解决其最关心的工作等问题,以提升学生学习的兴趣和积极性。

第二节 大学生劳动教育的意义

劳动教育作为全面发展教育的组成部分,是高等教育培养全面发展的高素质专门人才的重要途径。劳动本身具有教育价值,劳动教育是促进大学生全面发展,落实立德树人根本任务,提高本科教育质量的要求。新时代加强大学生劳动教育,需要切实形成正确的劳动观,完善劳动教育制度设计,重视学校劳动文化建设,组织学生参加劳动实践。

一、问题的提出

高等教育肩负着培养高素质专门人才的重要使命，也是国家发展水平和发展潜力的重要标志。2017年，我国高等教育毛入学率达到45.7%，超过中上收入国家平均水平；在学人数达3 779万人，规模居世界第一。我国社会主义建设进入新时代，高等教育能够为建成社会主义现代化强国，实现中华民族伟大复兴提供强大的人才支撑和智力支持。当前我国高等教育正从规模扩张发展向内涵质量提升转型，高等教育事业需要持续得到巩固和加强。习近平总书记在全国教育大会上强调，"坚持中国特色社会主义教育发展道路""努力建构德智体美劳全面培养的教育体系"，明确将劳动教育作为全面发展教育的组成部分。同时，他还要求"在学生中弘扬劳动精神，教育引导学生崇尚劳动、尊重劳动，懂得劳动最光荣、劳动最崇高、劳动最伟大、劳动最美丽的道理，长大后能够辛勤劳动、诚实劳动、创造性劳动"。人的劳动及其成果是一个人贡献大小及其个体价值的体现，也是其发展的基础，劳动教育对人的发展具有极其重要的意义，对大学生尤其如此。

二、新时代大学生劳动教育的必要性

（一）劳动本身具有极其重要的教育价值

大学生是未来的劳动力，劳动锻炼是提升其劳动力水平的有效方法。劳动是人类创造物质或精神财富的活动，其本质是人类自我发展的确证。劳动是人类创造物质或精神财富的活动，有体力的，也有脑力的。人在劳动中手脑并用，将知行与物的使用、加工、改造合一，促进了个人知识和能力的发展；同时，人与人在劳动过程中或劳动之余开展生产技能、技术、知识、道德规范、习惯礼俗、人际关系等经验传递活动，劳动者之间因经验传递既是教育者，又是受教育者，彼此增进了知识和技能，影响着彼此的思想观念；因为劳动包括交往活动，交往是人与人的相互作用，总包含着内容并借助一定的媒体，双方"形成一种以传递经验、影响人的身心为直接目的的活动"，交往蕴含教育。人为了满足自身及周围人的需要，用自身的劳动引发、调整和控制其与自然、社会以及人之间的关系以完成劳动过程，在劳动中要综合运用体力和脑力形成劳动能力。人要获得劳动能力，就"要改变一般的人的本性，使它获得一定劳动部门的技能和技巧，成为发达的和专门的劳动力，就要有一定的教育或训练"。劳动具有道德价值，人在劳动中结成社会关系，掌握和发展社会道德，古今中外皆赞美和肯定辛勤劳动，痛恨和鞭挞不劳而获，将劳动作为道义，将勤劳视为美德。劳动具有智育价值，人需要获得知识经验，掌握生产技能以具备一定的劳动能力，这是劳动力生产；同时，人还需要恢复和提升劳动能力（劳动力再生产）以适应不断发展的社会生产，教育就是实现以上的劳动力生产和再生产的重要手段。人的知识、技能、态度及价值观的形成和发展，主要通过教育或劳动训练来实现，即将人从可能的劳动力转化为现实的劳动力。劳动也具有强健体魄的功能，参加劳动对人的骨骼发育、运动速度、体力耐力以及身体的灵敏度和柔韧性等都有促进作用。劳动还是产生一切美的源泉，是防止一切社会病毒的伟大的消毒剂，对提高人的感受美、理解美、鉴赏美及创造美的能力都具有重要价值。"劳动不仅是谋生的手段，更是通向客观世界与主观世界的媒介，也是实现人性至美至善、彻底自由的必由之路。"

（二）劳动教育是促进大学生全面发展的必然要求

大学是人生成长及专业知识技能发展的关键期。大学生从入学开始就被贴上具体的学科或专业标签，除了公共课外，学生日常读书考试均"被专业化"，就业也特别要求"专业对口"。但是，急剧变化的生态、社会和经济，多样性的现实生活要求高等教育不断提高适应能力，互联网和数字技术正全面改变工作和生活，时代要求大学生具备"基础技能、可转移技能和职业技术技能"，学校和社会则是提供"获得这些技能的环境"。日常工作所需的基础知识及能力包括问题分析能力、办事能力、交际能力、创造创业能力、领导能力、胜任能力等无不是把知识学习融于生产劳动、社会实践的结合中形成和发展起来的。大学生经过专业教育和通识教育学习了系统的专业基础知识，但这些知识是否实用、有成效，还必须在劳动生产、社会实践中综合运用进行检验、补充、实证，必须通过劳动即学会做事来发展。未来社会环境日新月异，人员流动频繁，工作变动极大，使大学教育与就业之间难以形成长久的关联，高等教育与就业之间的鸿沟日益扩大，必须通过劳动教育促进大学树立正确的劳动观念，使毕业后持续开展劳动知识技能提升，提高灵活性，以确保他们具有更强的职业适应能力，能够更有效地掌握和运用新的专业技能。

（三）劳动教育是深入落实立德树人根本任务的本质要求

我国教育的根本任务是培养社会主义建设者和接班人，立德树人是教育工作的中心环节和发展目标。思想政治教育工作的本质在于立德树人。习近平总书记在全国高校思想政治工作会议上强调，"高校立身之本在于立德树人"。立德树人工作的开展是直接关系到高校培养什么样的大学生、如何培养大学生以及为谁培养大学生的根本问题，立德树人的成效更是作为检验高等学校一切工作的根本标准。立德树人是培养人的本质要求和努力目标，立德是基础和手段，树人是目的，二者是目的和手段的关系。立德就是促进学生形成良好的政治思想道德素质和心理素质，树人就是培养学生成为德智体美全面发展的社会主义建设者和接班人。对大学教育来说，劳动教育与德育、智育、美育、体育等具有同样重要作用，劳动教育与其他各育在立德树人工作中各占其位，各具特点，各负重任，共同实现全面发展的教育目的，共同构成全面发展教育的完整体系。从劳动教育本身的功能和价值来看，劳动教育对新时代大学生成长成才具有独特作用。一是培养大学生正确的劳动观念和积极的劳动精神，充分认识到幸福是靠奋斗出来的，更加热爱劳动，珍重劳动，诚实劳动，感受劳动的光荣；二是提高大学生综合素质；三是解决大学生"不想干、不愿干、不敢干、不会干"的现实劳动问题，扭转大学校园"不珍惜劳动成果、不爱劳动、不会劳动"的现象，通过劳动教育使大学生在学习、生活、工作中做到体脑结合，既掌握高深理论知识,又精通技能技术,还善于操作实践。劳动教育具有滋养道德、增进知能、强健体质、化育审美的作用,是强化落实立德树人根本任务的重要手段。

三、新时代大学生劳动教育的现实性

(一)重视劳动是我国的光荣传统和现实需要

首先,"以辛勤劳动为荣,以好逸恶劳为耻"是我国传统美德。中国传统文化普遍重视劳动、肯定劳动、赞美劳动,对不稼不穑、不劳而获、劳民伤财等则予以鞭挞、斥责,将劳动作为人安身立命的社会责任,将辛勤劳动、安生乐业、勤俭持家视为人的义务,重视劳动对家庭、宗族的孝悌价值,颂扬人们通过劳动改变个人生活和命运,促进家庭和谐幸福,创造社会价值。其次,社会要求每个人通过劳动创造价值。我国设立了劳动模范表彰制度,对每一个有主人翁责任感、卓越劳动创造、忘我拼搏奉献、作出劳动业绩的劳动者都给予充分尊重和肯定,在社会中积极营造尊重劳动、尊重知识、尊重人才、尊重创造的良好风尚,激励每个人通过劳动和创造实干兴邦,用勤劳双手创造财富和幸福。最后,社会主义核心价值观落地生根必须以劳动为基础。"富强、民主、文明、和谐,自由、平等、公正、法治,爱国、敬业、诚信、友善"是当下中国人应有的价值追求,需要倾注积极的情感认同,需要主动形成行为习惯。建设现代化国家、建造美好社会生活、个人恪守基本道德准则规范等三个层面的核心价值观培育和践行无一不是通过劳动价值的重视和肯定,经由劳动来筑就和美化并使之内化于心、外化于行的。

(二)校企协同实践育人成为共识

实践出真知。教育是培养人的社会实践活动,通过引入企业参与人才培养,校企协同实践育人是提高教育教学质量的重要途径。我国2017年底有普通高等本科院校1 243所,在校生2 753.59万人,校均规模14 639人。在1 243所本科学校中,42所"双一流大学"和95所"一流学科建设高校"主要培养高水平人才和拔尖创新人才,其余90%的高校主要应抓好高素质技术技能人才和创新人才的培养。为适应以人工智能、大数据等为中心的新的科技革命和产业变革,这些学校必须紧跟科技进步、产业发展步伐,及时转变办学理念思路,及时进行专业设置、课程内容、教学方式的转型,使人才培养积极回应新技术新产业发展,实现所培养的人才知识能力发展跨专业复合型,技能技术训练呈现实践性应用型;人才供给及时跟国家和地方发展需求良好对接,能很好地满足地方经济社会发展的需求。对此,很多高校已经明确认识到学术人才和应用人才分类培养是大势所趋,全校上下逐步形成校企合作协同育人是学校全面提高人才培养能力的正确之路,强校之路,树人之路的共识。2014年178所地方本科高校发布《驻马店共识》,并积极展开深化产教融合,推进转型发展,建设中国特色应用技术大学探索实践;2015年国家重点支持和引导100所地方普通本科高校强化实践教学,加强实习实验实训平台和基地建设深化产教融合、校企合作,推进人才培养模式的改革;2017年,国务院办公厅《关于深化产教融合的若干意见》

指出，新形势下要使人才培养供给侧和产业需求侧相互适应，要使教育链、人才链与产业链、创新链更好地衔接，必须深化产教融合，促进校企合作育人。

（三）一些高校的劳动教育特色可资借鉴

经过长期坚持不懈的努力探索，我国一些高校形成了各具特色的劳动教育好经验、好做法，这些特色和做法可供学习和借鉴。学生参与农作、创新农业科技、教学与生产合一是多数农业院校的一大特色，如山西农业大学成立劳动教育指导委员会，将劳动课作为必修课并强化课程组织、考核、开发、管理，实行劳动小组自主互助，突出管理育人，精心创设校园劳动教育环境，强化熏陶，学生社团扎根农村、服务农民，让课堂上的农业科技知识走进田间、创新创业，培养学生的劳动意识和吃苦精神，促进教育与生产实践相结合。作为一流学科建设院校的西安电子科技大学，在陕西省延川县梁家河成立全国首个大学生劳动教育实践基地，通过新时代"红色筑梦"劳动教育使大学生在劳动实践中受教育、长才干、做奉献，树立正确的劳动价值观，传承红色劳动基因，弘扬优良劳动传统；开设一学分的劳动教育必修课；将校园公共区域卫生包干到每栋宿舍、每个班、每个人并实行责任制度；邀请知名工匠、各级劳模进校园开展劳动知识和精神宣讲；开展学生"四好文明宿舍"创建评比并设立劳动专项奖学金，教育和引导学生更加崇尚、尊重、热爱劳动。凯里学院作为地方本科转型发展试点高校，在人才培养方案中设置必修的劳动实践课，规定大学1～3年级的学生每学期须参加为期一周的劳动实践活动，内容分为校园保洁、环境监督、餐厅服务、外来人员引导、专业实践基地劳动等，鼓励学生主动投身劳动实践，通过劳动感受服务社会的价值和快乐，养成尊重和珍惜劳动成果的美德；更重要的是，作为产教融合试点学校，每学期各专业都确定一定时间的专业实践周，要求合作企业派遣技术员进驻学校，借助项目实践、专业实训、技术开发等进行专业应用能力提升实训，强化专业知识学习与实践操作结合，通过专业实践劳动促进学以致用，学了会用，不断地提高学生知识学习兴趣，同时也使知识应用及技术实践能力持续得到提高。

四、新时代加强大学生劳动教育的实践路径

（一）促进转变观念，形成正确的劳动观

正确的思想观念是引发良好行为的先导。一是崇尚劳动。"幸福都是奋斗出来的"，新时代的大学生对美好生活、美好前途的向往日益迫切，劳动教育的目的就是使他们懂得只有激扬奋斗青春，一步一个脚印，扎实工作，辛勤劳动，不懈奋斗和付出，在劳动中实现自我价值，才能获得相应收货，创造属于自己的幸福。二是热爱劳动。"劳动最光荣、劳动最崇高、劳动最伟大、劳动最美丽。"要破除和改变一些大学生轻视、鄙视甚至歧视一线生产劳动尤其是体力劳动的不良心态，使他们知晓劳动是一切财富获得、知识增长、生活幸福的基础，没有高低贵贱之分，只有爱岗敬业，做到干一行、爱一行、钻一行，才能在劳动中体现价值，拥抱成功，感受幸福。三是尊重劳动。"诚实劳动、勤勉

工作"，行行出状元。在劳动教育中要使大学生深刻认识到"每一种劳动都是推动人类进步的根本力量"，深入理解和认同"每一个劳动者是经济社会发展贡献者和历史的创造者，理应值得尊重"。充分肯定和感念劳动者为每一件劳动成果所付出的时间和心血。学会珍惜劳动者踏实肯干、默默奉献的辛劳和点滴汗水凝成的劳动成果，让自觉维护每一位劳动者的尊严成为每个人的自觉行动。只要是劳动就值得尊重和珍爱，值得热爱和赞美，值得学习和奋斗。

（二）完善劳动教育制度设计

劳动教育是新时代更高水平构建"德智体美劳全面培养的教育体系"的重要方面，也是完成和实现培养社会主义建设者和接班人根本任务的重要途径，更是大学在新时代背景下培养高素质专门人才的关键一招。首先，准确把握劳动教育的目标及其内涵。劳动教育的目标是培养和提高受教育者的劳动素质。对大学生来说，劳动教育的具体目标是学习和掌握劳动知识、劳动技能（技术）及必要的职业基础知识和技能，培养和形成正确的劳动观念、劳动态度、劳动思维、劳动习惯，自觉弘扬和践行劳动精神，使每一个大学生都能够辛勤劳动、诚实劳动、创造性劳动。其次，切实强化劳动教育的地位。改变目前将劳动教育纳入思想政治教育范畴或列入"第二课堂"（课外校外活动）的做法，要认识到搞好劳动教育也是进行素质教育，明确将劳动教育作为大学必修课，将劳动教育列入专业人才培养方案，进课堂、进头脑、进实践，有规定的教学时间、明确的教学内容和严格的考核要求，保证劳动教育的全面落实，提高劳动教育的实效性。再次，强化劳动教育整体性、系统化管理。大学必须切实重视劳动教育，唤起和提高全体教师对劳动教育重要性的认识，将劳动教育的目标和各项要求条理化、细化、可操作化，规定劳动教育的课时和学分要求，配备专业化的劳动课程教师队伍、管理队伍，注重调动学生的劳动参与意识，促进劳动技能熟练掌握，持续提升他们的劳动素质。最后，创新、优化劳动教育课程与评价体系。教育管理部门要像重视大学生思想政治工作和专业教学质量一样，出台相关的劳动教育要求或国家标准，使大学生劳动教育得到更好的开展。

（三）重视学校劳动文化建设

大学师生共同在校园中生活、学习，经过长期的交往和活动，他们在学校里所习得、共有的思想观念和行为方式构成了大学学校文化。学校劳动文化从学生拥有的劳动知识和技能，对待劳动的态度、情感和习惯等方面表现出来。大学必须站在学校兴衰成败的高度重视劳动文化建设，使劳动育人真正成为促进学生成长成才的重要内容。一是大力倡导"劳动最光荣，奋斗最幸福"，营造"缺失劳动的教育不是完整的大学教育"的校园氛围。要改变以学习成绩好坏、考试分数高低作为评价学生的唯一标准、学生在校就只应专注于理论学习的传统做法，把"有劳动精神，学会劳动"作为评定和考核新时代大学生的重要指标，注重引导全体大学生具有良好的劳动知识和技能，主动参加劳动实践，热爱劳动，珍惜劳动成果，勤俭节约，善于创造。二是激发"全员动手，美化校园"积极性，调动学生参加整洁校园工作和勤于整理内务。通过劳动课及其他劳动形式让每一个学生都有机会参与校园净化、美化活动，通过检查评比、卫生督察推动学生自己打扫宿舍卫生，做到寝室每日整理、注重整洁、爱护环境，培养劳动技能及团结协作精神，增进劳动素质。三是多渠道、多形式宣传先进劳动典型，学习和弘扬劳动精神。广泛通过网络新媒体（微博、微信、QQ等）、校园网、广播电视、宣传栏、黑板报、报纸、班会等渠道以影像、图片、声音等形式传播劳动模范、优秀工匠、创新英才等的先进思想和突出事迹，教育学生崇尚、热爱和尊敬通过劳动创造不平凡业绩的劳动者，并努力向他们看齐、学习。四是全员参与学校劳动文化建设工作。学校、家庭、社会、学生组成校园劳动文化建设共同体，共同承担劳动教育责任。社会要强化倡导和营造诚实劳动、勤勉工作、劳动光荣的舆论氛围，家长要提出自理自立的劳动要求，引导和教育孩子扣好日常劳动的第一粒扣子，教师和学生都争做热爱劳动、弘扬劳动精神的表率，共同担负起学校劳动文化建设的职责。

（四）组织学生参加劳动实践

劳动实践是劳动教育的主要方面，让学生亲身参加劳动实践，从事实际劳动活动是大学生劳动教育的主要形式和基本方法。一是进一步提高课程实施中实践教学的比重，提高劳动实践教育质量。在大学课程教学中要打破实践教学附属于理论教学的传统，将实习、见习、科研训练、实验教学、专业技能训练、社会实践、创新实践等作为落实课程劳动教育的重要渠道，开足开好课程，强化专业的实践应用，学会在多种情境下正确使用所学知识解决问题，从而通过劳动实践培养学生的知识应用能力、动手操作能力、创新思维能力、就业创业能力和社会适应能力。二是落实劳动课程的实践内容，开展多种形式、全员参与的校内劳动。在劳动课程中除了必需的基础劳动知识和技能教学外，更重要的是组织全体学生从事劳动实践，参与校园环境、宿舍卫生保洁和绿化美化，给班级、学生指定卫生保洁责任区，使人人参与劳动、个个接受劳动教育。三是结合专业特点和学生兴趣特长，组织开展种养殖劳动实践。由各专业、各社团、各兴趣小组根据学校实际，学生可经允许后在专门区域从事电子维修、养花、种草、植树、栽培作物、养殖小动物、设计制作、创业实践等劳动活动，进行劳动成果展演。四是组织学生开展校外公益劳动及社会实践。利用假期和课余时间，通过团学组织选派学生深入中小学、社区、工厂、农村、养老院、儿童福利院等进行支教、理论宣讲、卫生打扫、敬老助残服务，帮助慰问困难人群等社会服务、志愿劳动。五是建立校外劳动实践基地，组织学生走出教室到基地（基层）开展学工学农学商，体验和理解劳动生产、管理服务的过程，获得职业感受，发现个性特长，培养劳动观念和职业志向。通过直接参与劳动实践，让大学生掌握劳动知识和技能，体会劳动艰辛，形成正确的劳动观念，养成劳动习惯和良好道德品质，切实提高劳动能力。

大学生的成长成才离不开劳动，加强劳动教育是大学提高教育教学水平，培养全面发展的高素质专门人才的重要途径。全面推进和深入实施劳动教育对新时代高等教育全面提高人才培养能力具有特别重要的意义。

第三节　大学生劳动教育诉求

　　劳动教育是高校落实立德树人根本任务的重要内容之一，承接教育理论并贯穿于社会主义教育发展进程。塑造劳动"四最"的价值观念，挖掘劳动教育精神价值升华大学生人格境界，践行劳动强健身心理念助推健康中国建设，提高大学生创造性劳动能力汇聚创新型国家建设动力等是新时代开展大学生劳动教育的现实诉求。强化"敬业"精神增强大学生的劳动认同，开展以家风建设为载体的家庭劳动教育，依托高校创新性活动激发大学生的劳动创造力，发挥新时代志愿服务育人功能促进大学生劳动品德的养成等是新时代大学生劳动教育的实践路径。

　　劳动教育是中国特色社会主义制度的重要内容，致力于培养担当民族复兴大任的时代新人。高校加强劳动教育，必须从提升学生对劳动价值的认同入手，积极探寻适合青年学生成长规律的劳动教育新途径，实现劳动教育促进青年全面发展的价值旨归。

一、大学生劳动教育的新时代诉求

　　习近平总书记关于劳动的重要论述，丰富并发展了党的教育方针，具有重大的时代价值和鲜明的现实针对性，蕴含着新时代高校开展大学生劳动教育的新设计和新要求。

（一）塑造"劳动最光荣、劳动最崇高、劳动最伟大、劳动最美丽"的价值观念指导实践

　　劳动教育的核心目标是培养学生尊重劳动的价值观，进而激发学生的劳动热情和劳动创造力。在人类发展历程中，劳动以多种样态创造世界和历史，同时改造着人自身。随着科技水平的提高，脑力劳动逐渐成为社会主导劳动形态，如何实现体脑结合是新时代劳动价值观教育的具体要求。中国特色社会主义进入新时代，经济、政治、文化以及科技的发展变迁对广大青年的劳动价值观影响深远，智能科技与物质富足的环境一方面有助于青年大学生体验美好生活追求幸福感，另一方面也导致一些劳动认知偏差，包括不尊重劳动、不珍惜劳动成果，甚至迷途于不劳而获的价值观之中。习近平总书记强调："要加强对广大青少年的教育，让劳动最光荣、劳动最崇高、劳动最伟大、劳动最美丽的观念蔚然成风。"大学生塑造正确的劳动价值观，深刻理会辩证唯物主义劳动实践观的发展性蕴意，才能尊重劳动，学习发扬劳模精神、工匠精神，并将通过劳动奉献社会作为衡量人生的价值标准，在劳动中积极创造物资和精神财富，投身于中国特色社会主义建设事业中。

（二）挖掘劳动教育的精神价值，升华大学生的人格境界

　　劳动教育的精神价值体现在学生通过劳动过程丰富社会认知，实现自我本质力量的确证，进而超越自然属性生成基于人与社会相统一的内在实践动力，升华大学生的人格境界。

动物可以通过自然存在物直接满足自己的本能需要，而人则需要通过对象化活动改造自然使之为自己的目的服务，劳动是这种区别的根本。劳动在不断扩展人的生活物理空间的同时，也增加了个体追求精神满足的自由程度。青年大学生通过劳动将自己的本质力量凝聚到对象中，在占有外在对象的过程使自身发展不断趋于完善，促进道德判断能力、审美能力、鉴赏能力等的提升。劳动教育本身所具有的教化功能可以使大学生由独立的个体转变成公共的关系存在，在相互合作、相互交流及相互理解的过程中不断地充实自我的类特性，获得完整丰富的生命意义的体验。步入数字化、信息化的技术发展时代，非物质性劳动、数字劳动、共享劳动等多种新劳动形态的出现极大地促进了经济社会发展，个体的主观能动性和创造性也得到更大发挥，但深度介入网络虚拟社会的大学生却也出现了对劳动本质的幻化现象。受技术理性向生活世界扩张的影响，学生依赖于社交平台进行自我表达，借助移动互联网终端塑造一种虚拟化的社交场域，音容笑貌以数字化形式成为人与人之间交流的主要形式，感情的直接交流日益减少，体脑结合的劳动实践被忽略，现实与虚拟、表象与事实之间的界限逐渐模糊，使一些大学生偏离了对劳动和实践本质的理解，因此，贯通现实社会与虚拟社会的教育主旨，挖掘劳动教育对大学生成长的教化价值，培育青年大学生的劳动精神，才能使大学生始终保持劳动意识，形成良好的人格品质。

（三）践行劳动强健身心理念助推健康中国建设

全民健康是促进人全面发展的必然要求，是推进经济社会可持续发展的基础条件，是衡量国家富强和民族昌盛的重要标志，也是决胜全面建成小康社会关键时期的重要任务。随着我国社会经济的飞速发展，人们的生活节奏正在日益加快，来自经济、就业、情感等各方面的压力不断增大，甚至引发一系列社会问题，严重制约着人民健康水平的提高。习近平总书记十分关心青年的身心健康和全面发展，指出："少年强、青年强是多方面的，既包括思想品德、学习成绩、创新能力、动手能力，也包括身体健康、体魄强壮、体育精神。"劳动教育是促进大学生身心健康的重要手段。在智能化的现代社会参与一定程度的体力劳动的过程本身就是一种体能锻炼，既有助于培养大学生手脑结合的实践实验操作的协调性、灵活性，又可以在劳动中释放各种压力所带来的负面情感，并在体会劳动过程和收获劳动成果的快乐中提高身体耐力，提升生活质量。心理健康是代表大学生健康水平的典型表现，劳动实践过程本身也具有心理调节作用，尤其是集体劳动过程对于引导大学生正确认识自我、客观评价自身、合理管理情绪，提高心理适应力和人际关系处理能力等都具有积极作用。广泛开展劳动的综合育人工作促进大学生身心健康发展，不仅是高校人才培养的要求，也是推进健康中国建设的必要组成。

（四）提高大学生创造性劳动能力汇聚创新型国家建设动力

创造性劳动是推进人类社会进步的根本力量。任何时代的劳动方式、内容和劳动技术都能彰显出社会发展的创新水平，并转化为科技革命成果和具体社会生产力。创造性劳动对于社会劳动生产率的提高和国家核心竞争力的提升具有重要的意义，是创新型国家建设的不竭动力。大学生作为新时代创新发展的重要新生力量，肩负着为人民谋幸福，为民族谋复兴的历史使命，一代代青年大学生承担起国家和历史的使命，不仅仅需要通过"苦其心志，劳其筋骨"的辛勤劳动来达成，而且更加需要通过能动性的学习不断地提升自身的创造性劳动能力，将来才能成为创新型国家建设的中间力量。适应高智能社会发展环境的大学生劳动教育的主旨即为创新，拥有劳动创新能力的大学生群体，将为国家的创新发展提供丰富的资源和力量。

二、新时代大学生劳动教育的实现路径

（一）强化"敬业"精神增强大学生的劳动认同

"敬业"既是中国人民在党的领导下在长期职业生活实践中所形成的有关对职业的根本看法，也是对以劳动作为人的本质的人格肯定。高校作为思想政治教育的主阵地，在培养学生正确的职业态度和工作精神、促进良好职业行为习惯的养成等方面发挥着重要作用。新时代大学生劳动认同的重构必须以社会主义核心价值观所倡导的"敬业"精神为指导，继承和发扬热爱劳动、辛勤劳动的优秀传统文化，充分发挥各行业劳动模范的示范作用，消除社会中一些劳动等级错误观念对大学生产生的不良影响，在高校校园内营造尊重劳动、崇尚劳动的文化氛围。其次，要将敬业价值观的培育贯穿于专业课教学中。教师在传授专业知识和技能的同时，要将与专业相关的市场就业状况和职业发展前景有意识地介绍给学生，教育引导学生在职业生涯规划、求职到就业的过程中树立职业理想、端正职业态度、明确职业责任。最后，充分发挥社会实践在大学生敬业教育中的作用。深入挖掘和整合校内外资源，加强敬业价值观实践教学教育，积极引导大学生走出校园、深入基层、深入群众，开展教学实践、专业学习、社会调查、公益活动，升华他们对敬业价值观的认知理解和体验感受，涵养不畏艰辛、崇尚奋斗、甘于奉献的精神，从而形成正确的劳动观念和劳动态度。

（二）开展以家风建设为载体的家庭劳动教育

家庭是实施劳动教育的重要场所，家庭劳动教育的系统建设和稳扎落实对于学校、社会劳动教育的实施效果具有强化作用，家长的思想和言行对良好家风的形成及对子女的劳动意识、劳动观念、劳动行为的塑造至关重要。近年来大学生中出现一些不珍惜劳动成果、不想劳动、不会劳动的现象，这很大程度上与父母轻劳动、重成绩以及对子女的溺爱有关联。对此，高校德育工作者要主动担负起对大学生父母价值引领的责任，协同工会、共青团、妇联开展对家长关于劳动教育相关知识的培训以及家庭劳动教育的相关指导，以提高学生家长的综合素质为目标，引导家长主动承担起劳动教育的责任，不仅对孩子进行劳动教育的言教，还要鼓励孩子自觉参与、自己动手，在衣食住行中掌握必要的家务劳动技能，甚至将劳动教育的内容拓展到社区公益劳动和社会帮扶活动，树立崇尚劳动的良好家风。除此之外，高校要不断地拓宽教师与家长沟通的平台，例如在录取通知书投递环节，将相关劳动知识和劳动行为的规范以及家长如何引导孩子成长以"致新生一封信"和"致家长一

封信"的形式发给学生，使家长在思想上先入为主，夯实学校劳动教育的基础；在开学典礼和新生座谈会上宣传典型劳动模范故事和高校大学生励志故事以及好的教育方法，使家长认识到孩子来到学校不仅要刻苦学习知识，更要注重德行养成，在学校与家庭双向互动中为培养德智体美劳全面发展的合格人才提供协同保障，促进良好校风、家风的形成。

（三）依托高校创新性活动激发大学生的劳动创造力

"劳动是与灵活的技能和技艺、手脑并用、创造性的思维相连的劳动，而不是指那种单纯的、令人疲劳的、缺乏思维锻炼的体力劳动"。劳动在本质上是人的积极的、创造性的活动，而人们进行的劳动往往经过从模仿性劳动到重复性劳动再到创造性劳动的渐进式的发展过程。要想在重复性劳动过程中促成质变，从而创造新的、更高的劳动成果就必须具备扎实的学识和敢于突破常规的思维能力。一是要在校内建立大学生创业实践基地，加大立足对"劳动+"的学生创新创业类科研立项，鼓励大学生根据自己的兴趣、特长和优势自主选择创业项目，将所学理论知识积极运用于创新实践，并通过实践来实现对理论知识的检验与矫正，不断地获得知识、经验，在成败得失中逐渐培养坚忍乐观、积极向上的个性品质。二是要积极发挥创新创业大赛的培育功能。高校要善于通过全国层面、省市层面的学术竞赛平台，鼓励学生参加各类学科竞赛活动，在宽容、竞争的学术氛围中开阔眼界，在与他人的思想碰撞中汲取对方独到的见解和思维方式，不断增强自身的创新意识。通过邀请一批具有丰富的创业经验和工作经历的知名企业家或校友为大学生提供指导，引导学生打破墨守成规的思维定式，以超常规的视角认识和思考问题，从而产生更加新颖的、独到的、有社会意义的创新创业方案和创业成果。三是高校要拓展校外实践训练平台。高校可以主动对接当地先进的科技创新资源，利用政府和企业的各类研究基地、基金项目、政策优势等资源，通过提供更多的实习机会和实训操练场所，为创新创业人才的培养奠定良好的基础。

（四）发挥新时代志愿服务育人功能促进大学生劳动品德的养成

志愿服务作为一种实践活动，对于大学生在服务奉献的过程中塑造正确的价值观念、培养社会责任感、强化实践能力以及促进身心的全面发展具有重要意义。首先，高校可以将志愿服务纳入入党积极分子培养、预备党员培训、党员学习实践的必须环节，以服务时长数作为大学生推优入党的考核标准，用"党员成长手册"量化考核党员志愿服务活动，促进大学生实践能力和劳动素质的全面提升。其次，通过联合服务部门或机构建设一批具有时代特色、符合国家重大战略要求和满足社会需求的志愿服务项目。例如，高校结合社区群众的生理、心理特点以及兴趣爱好成立太极拳、瑜伽、养生操等体育项目，并为社区体育运动的开展提供设施、场地和资源。通过在社区设立学生实习基地或提供兼职的方式，鼓励高校体育人才走进社区参与全民健身指导工作，在营造全民体育文化氛围、提升身体素质的同时使学生在体育锻炼中获得快乐，促进健康中国战略的理念和导向在社会中的广泛传播。最后，发挥高校人才参与志愿活动的积极作用。高校作为国家和民族未来的智囊团，应积极主动地参与，与自身的特色和专长结合起来，如法学、农业、工科应分别在法律维权、发展农业和促进产业升级。同时，高校还应拓展大学生社会实践活动与精神文明帮扶活动相结合、与大学生"三支一扶""暑期三下乡"和基层挂职锻炼相结合，鼓励大学生走出校园参与科教工作，为贫困地区的发展提供先进的科技和文化支撑，在不断地探索、发现、解决问题中磨炼意志，提高科技创新能力。

第二章 大学生劳动教育的主要内容

第一节 生活劳动与大学生劳动教育

陶行知指出:"有生命的东西,在一个环境里生生不已的就是生活。"显然,就人而言,生活就是衣食住行的集合,故谈起生活又离不开劳动,而劳动是人类创造物质或精神财富的活动。现如今,许多大学生受到家长的过度呵护,家务劳动几乎很少参与。本节从生活劳动的概念、分类以及大学生应梳理正确的生活劳动观念、提升生活劳动素质提出了劳动教育中生活劳动的实践对策。

一、生活劳动概述

生活劳动是指可以直接满足生活需求的劳动,生活劳动是在具备生活条件的基础上对生活条件再做改造,并直接服务于人的劳动。

(一)技能性生活劳动

技能性生活劳动就是通过操作性技术技能改造生活资料(或者生活条件)以满足生活需要的劳动形式,例如做饭、炒菜、缝补、洗衣服、洒扫等等。现代科技的发展大部分都是建立在技能性生活劳动之上,例如洗衣机、扫地机器人、洗碗机等智慧家庭、智慧生活的条件改善逐步改变了人们的生活劳动方式,各种劳动中对于体力的需求将会弱化。但是智能、技术的领域会增加,比如了解生活用具的基本原理,并对其进行简单维修,这些技能对生活中的人来说跟过去装水龙头、上电灯泡是同样的道理。因此现代生活劳动,尤其是技能性生活劳动要求人们具备一些现代化的技术能力。

(二)审美性生活劳动

审美性生活劳动与技能性生活劳动的区分并不是在领域上,主要是在层次上。比如缝补衣服,给一件破了洞的衣服结结实实地补一个补丁,这就是技能性生活劳动。但是补丁不好看,如果对这个补丁作出改造,比如设计成一朵花儿或是图案等,这就不仅仅是技术性劳动,更是创造美、创造幸福的劳动过程,它就是审美性生活劳动。再比如,关于家务中的重头戏,洒扫。我们把家里干干净净打扫一遍,属于技能性生活劳动;我们觉得家里太单调，太冷清，太没有艺术感，太乏味，因此想到需要对家里作出各种布置，这种布置到底美不美，见仁见智，但是对于劳动者自己来说，它是按照劳动者自己的审美方式布置的，劳动者在处理家务中按照自己觉得美的标准创造自己的空间，他为自己的生活创造了美和幸福。审美性生活劳动不是现代人才有的，比如过去的人自己做家具，但是不忘在桌椅板凳上雕花。这个层次的劳动，不仅对人的技术能力提出了要求，还要求人们具有感知、想象等方面的能力，这些统一起来，就是审美养成和创造美的能力。

二、家庭中的生活劳动及反思

（一）家务劳动

家务劳动是我们人类社会最为常见、最为古老的基本的劳动方式之一。它与市场经济中的生产劳动共同组成了人类不断发展进步的重要部分。关于家务劳动的概念，学术界还没有统一的界定。但是大部分学者都认为："家务劳动（housework）是一个非常古老的词语，主要指人类社会中存在于家庭领域中开展劳作的一种形式。也可以说，自从产生了人类社会，家庭中的家务劳动就开始作为维持人类生存生活需要的重要手段而留存下来。"

（二）过去的分工

传统性别分工制度的具体表现为"男主外，女主内"的家庭分工模式。女性主要在家庭领域内生活，而男性则主要在公共空间生活。家庭成为人们休憩、养育孩子的场所。男女的身体独特结构，女性要生育孩子，被当作婴儿最初的照料者，承担母职，承担家务。

家务劳动是一项历史久远的劳动，自从有了家庭，家务劳动便随之产生。在原始社会中，家务劳动由男女双方共同承担，但是已经有了较明显的性别分工，男子一般从事打猎、砍柴、获取原材料等需要较大力气的劳动，妇女则从事烧饭、织布缝衣照料小孩等细致、不需要花费太多力气的劳动。随着私有制的产生和阶级的形成，家务劳动慢慢发展成为专属于女性的劳动。

（三）现在的分工

随着社会生产力的发展以及现代科学技术的飞速发展，洗衣、做饭等家务不再是女性的专属劳动。大部分以前在家庭中完成的家务劳动项目开始转移到社会中来完成，成立了各种各样的社会服务机构。同时，科技的发展创造出各种各样的家用电器，这些都简化了家务劳动的内容，减少了家务劳动所要花费的时间。

其次，男女平等观念的大肆发扬也使得人们传统"家务劳动应该由女性承担"的观念开始动摇，慢慢转变，越来越多的女性参与到社会工作中，也有越来越多的男性参与到家务劳动中，工作与家庭之间矛盾的凸显也反作用于家务劳动，使得家务劳动社会化不断加深。

三、树立正确的生活劳动观念

（一）人人都应具备日常生活劳动能力

生活劳动能力即自我服务能力，即使是将来并不从事制造工作的现代人也应具备基本的生活劳动能力。现代社会需要的公民是善于将动脑与动手结合起来的人。因此，可以说在信息化时代，对人们生活劳动能力的要求不仅没有削弱，反而在加强。劳动创造了人，不仅是历史事实，更会在人类个体的成长过程和变迁过程中得到不同程度的再现。

（二）日常生活劳动是获得人生圆满不可或缺的基本能力

飞速发展的时代，虽然劳动的方式、工具、空间、环境在发生非同寻常的变化，内涵被前所未有地拓展，但劳动之美不会变，劳动的幸福不会变，日常生活劳动是获得人生圆满不可或缺的基本能力。

中华民族从古至今都弘扬劳动精神，古诗中"十亩之间兮，桑者闲闲兮""童孙未解供耕织，也傍桑阴学种瓜""乡村四月闲人少，才了蚕桑又插田""谁知盘中餐，粒粒皆辛苦""稻花香里说丰年，听取蛙声一片"，都是描写中华民族对劳动之情、劳动之爱、劳动之景、劳动成果、劳动之美的的珍视和礼赞。俗话说，一勤天下无难事。劳动，是文明的源头也是进步的因子。劳动，缔造了社会也书写了历史、并可以改变世界。对个体来讲，勤劳，是一种积极向上的良好品质，是获得健康、实现梦想的必备条件。对于家庭来说，勤劳是一种良好的家风，可以使家庭的氛围融洽，可以获取幸福。对于社会和国家来说，勤劳，是一种文化软实力，可以激发创造力。

四、大学生应如何提升生活劳动素质

（一）参与家庭劳动

大学生应经常参与制作食物、打扫卫生、清洗衣服、美化家庭、美化寝室、修补衣服、修理家具等家庭劳动。在当今的社会中，身体素质的好坏和劳动意识的强弱，将是一个人能否取得成功的关键。如果不参与家庭劳动，养成"衣来伸手，饭来张口"、过分依赖父母的不良习惯，就会对自身的成长和发展带来不利的影响。

良好的劳动习惯和劳动品质，往往是从家庭日常生活劳动开始的。中国是一个文明古国，几千年来，劳动人民用自己的双手创造物质财富，振兴民族精神，让中华民族以更加昂扬的姿态屹立于世界民族之林，越来越走向世界舞台的中央。我们只有坚持和发扬这一光荣传统，切实加强家庭日常生活劳动素质的提升，才能成为有较高文化素养和劳动技能的劳动者。

（二）参与社会劳动

参与社会劳动，如打扫卫生、绿化环境、整理设备、修理器具等工作，是提升日常生活劳动素质的重要途径。作为大学生必须具备从课堂和书本中无法获取的社会劳动知识体系，要理论联合实际，通过参与社会劳动，加深对社会的了解，从而提高劳动技能，增长自身的才干。

（三）参与学校劳动

在校园中提升日常生活劳动素养的途径有：认真学习劳动教育课程、参加学校劳动活动，如打扫卫生、美化校园、参与食物制作等。

大学生在学校中，应通过参与校园劳动培养主人翁意识，践行勤奋和实干的良好习惯。通过参与校园劳动，养成科学作息，增强自身的行动力和执行力。同时，在参与校园劳动的过程中，也可以体验多种劳动者的不易，例如学校保卫、清洁、图书馆工作人员等工种。也有利于大学生自觉养成文明的好习惯，减少乱扔垃圾、乱贴乱画等不文明的行为。

因此，大学生提升生活劳动素质要从三个方面入手，形成联动协同机制，即分别从家庭、学校和社会三个维度协同推进日常生活劳动素质的提高。

第二节 思政教育与大学生劳动教育

面对世界百年未有之大变局，要实现中华民族伟大复兴的目标，必须依靠全体劳动者一起劳动、共同创造、倾心奉献，必须在新时代青年大学中树立崇尚劳动、尊重劳动的理念。思政教师要探究劳动精神融入思政教育的有效路径，对新时代大学生进行劳动精神教育。

一、劳动精神的核心内涵

习近平总书记强调：幸福是奋斗出来的。奋斗就是投身实践，就是脚踏实的劳动。实现自己的梦想，需要劳动；解决工作的难题，需要劳动；铸就生命的辉煌，需要劳动。"我们要在全社会大力弘扬劳动精神，提倡通过诚实劳动来实现人生的梦想、改变自己的命运"。劳动精神是劳动的本质属性，是人们在劳动过程中所表现出来的一种积极状态，也是劳动者在劳动过程中具有的精神状态、精神面貌、精神品质。

（一）劳动精神是尊重劳动的精神

劳动是人存在的前提。在漫长的原始状态下，人要从自然界竞争中存活下来，必须解决物质资料的问题，这就需要劳动。劳动是人类在生产过程中把自然物改造成为适合人类需要的物质资料的力量，即人类从事劳动的过程。劳动促进了手与脚的分工，使人学会了制造和使用工具，促进了语言的产生，加速了信息的生产和传播；促进了大脑和机体的进化，加速了信息的积累与处理，所以说劳动创造了人本身。

劳动是社会发展的根本动力。生产力是社会发展的根本动力，物质生产的发展是随着生产力的发展而逐步发展的。这一切都是劳动者在劳动中创造的，凝结在商品中无差别的人类劳动就是价值，劳动创造了价值。劳动是人类文明产生的土壤。人类在劳动的过程中，产生了协调人与自然的关系、协调人与人关系的物质生活方式、思想价值体系，这些物质和精神的成果是人在劳动中产生的各种智慧。文明就是这些智慧的凝结。正是在人类从事劳动的过程中，人类在积聚物质财富的同时，创造了诗歌、书画、宗教、艺术，产生了影响深远的人类文明。

劳动是中华民族伟大复兴的基石。在漫长的历史长河中，中国人用勤劳智慧创造了丰富的物质文明和精神文明。近代以来，中华民族遭到列强的入侵、欺辱，根本的原因是近代中国生产力的落后和社会制度的腐朽。经过浴血奋战，中国人终于在1949年10月站了起来。今天，中华民族要想实现伟大复兴，这就要求全国各族同胞在中国共产党的领导下辛勤劳动，需要不断地促进社会生产力的发展、打造坚实的物质基础。

（二）劳动精神是中国精神的集中体现

进入新时代，在劳动创造的过程中，广大劳动者体现出了伟大的中国精神，即以爱国主义为核心的民族精神和以改革创新为核心的时代精神。

劳动精神体现了爱国主义为核心的民族精神。自1978年改革开放以来，尤其是进入新世纪、新阶段以后，广大劳动者以一腔对国家的热爱之情投入到轰轰烈烈的社会主义建设中，把人生理想、家庭幸福融入国家富强、民族复兴的伟业之中。正是依靠着一腔爱国热情，广大劳动者夜以继日，踏实进取，爱岗敬业，自力更生，艰苦拼搏，战胜了一个又一个困难，攻克了一个又一个关卡，取得了一系列举世瞩目的成就，使中国成为制造业大国，成为产业链最完备的国家。

劳动精神体现了创造创新的精神，是以改革创新为核心的时代精神。创新是国家兴旺发达的不竭动力，是民族的灵魂，是事业的关键。在中华民族伟大复兴的道路上，中国人面临着许多艰难险阻。战胜这些困难，需要一腔热情，也需要战胜困难的法宝，那就是不断地改革创新。广大的劳动者，凭借着自己的智慧，不断开拓创新，直面问题、分析问题、解决问题，在实现自己价值的同时促成了工业大国的建立。

二、劳动精神融入思政教育的价值意蕴

社会主义教育培养的是德智体美劳全面发展的新时代青年。劳动教育是跟德、智、体、美并列的五大教育内容之一。劳动精神融入思政教育，有利于更好地完成立德树人的教育目标，培育新时代的社会主义建设者和接班人。

（一）符合立德树人的要求，有利于大学生成长成才

培育德智体美劳全面发展的时代新人，是党的一贯目标。社会主义建设初期，毛泽东同志就社会主义人才培养的问题，提出了明确要求："我们的教育方针，应该使受教育者在德育、智育、体育几方面都得到发展，成为有社会主义觉悟的有文化的劳动者。"进入改革开放新阶段后，邓小平重申了这一方针："我们的学校是为社会主义建设培养人才的

地方。培养人才有没有质量标准呢？有的。这就是毛泽东同志说的，应该使受教育者在德育、智育、体育几方面都得到发展，成为有社会主义觉悟的有文化的劳动者。"2018年9月，习近平在全国教育大会上明确社会主义教育要坚持社会主义办学方向，"培养德智体美劳全面发展的社会主义建设者和接班人，加快推进教育现代化、建设教育强国、办好人民满意的教育"。

（二）符合思政课程建设规律，有利于思政课教育目标的实现

新时代需要的是爱国爱人民爱社会主义的社会主义新青年。思想政治理论课是落实立德树人根本任务的关键课程，着重培养学生的政治认同、家国情怀、道德修养、法治意识、文化素养，是广大学生成为爱党、爱国、爱社会主义、爱人民、爱集体的有理想、有责任、有担当的时代新人。在思想政治理论课程中，学生通过教师讲授、分析的一个个生动鲜活的案例，可以看到社会主义建设大潮中广大劳动者爱国奉献、勇于担当、务实进取的精神品质，可以看到广大劳动者在激烈的社会竞争中不断创新、追求卓越的职业理念，可以看到家国情怀在一个个普通劳动者身上的体现。思政教师通过在课程中讲授劳动精神，可以培养广大青年学子对社会主义建设成就的自豪感，培育对中华民族拼搏奋斗历史的认同感，培育关心人民、与人民同在的责任感。

（三）符合国家社会发展的需要，有利于广大学生开展劳动实践活动

劳动教育是中国特色社会主义教育制度的重要内容，是学生成长的必要途径，具有树德、增智、强体、育美的综合育人价值，直接决定社会主义建设者和接班人的劳动精神面貌、劳动价值取向和劳动技能水平。"要在学生中弘扬劳动精神，教育引导学生崇尚劳动、尊重劳动，懂得劳动最光荣、劳动最崇高、劳动最伟大、劳动最美丽的道理，长大后能够辛勤劳动、诚实劳动、创造性劳动"。

劳动精神融入思政教育，可以为劳动实践做好精神准备。在思政课堂中，教师讲授的关于劳动精神的案例特别是站在家国情怀角度来阐释劳动精神的内涵、本质等问题，可以引导学生认识到我国亿万劳动群众是全面建成小康社会的主体力量，促使青年学子对劳动产生崇尚之情，对拼搏奋进的劳动精神产生认同，激发学生劳动实践的热情，促使他们形成爱岗敬业、勤奋工作，锐意进取、勇于创造的精神品质。

三、劳动精神融入思政教育的路径

（一）明确列入立德树人的教育目标

长期以来，广大教师对于劳动教育的重要性有一定的认识，也在思政教育中贯彻了劳动教育培育新一代青年的理念。同时应当看到，长期以来，重知识轻实践、重智育轻劳动的情况也一直存在。尤其是在物质文化生活越来越丰富的新时代，青少年学生更是把大量的经历都投入到知识学习当中。为此，广大教师要明确劳动教育的重要性，从内心深处重

视劳动实践，从言行举止、教学理念等方面重视劳动教育，通过思政课程中劳动精神相关案例的讲述，使学生认可劳动、主动劳动、崇尚劳动；体会劳动创造美好生活，体认劳动不分贵贱，热爱劳动，尊重普通劳动者，培养勤俭、奋斗、创新、奉献的劳动精神。

（二）丰富劳动精神课程案例资源

思想政治教育是关于人的世界观、价值观、人生观的教育，是培育"四个自信"时代新人的教育。思政教师在明确劳动教育重要性的基础上，加大对于劳动精神的讲解。在授课过程中，可以设置相关专题，全面系统地讲解中国劳动者在社会主义建设中的生动案例。在进行爱国主义教育时，以丰富生动的劳动者奋斗案例进行论述；在讲述改革创新精神时，可以用劳动者开拓进取、创新创业的案例进行阐述，形成一个既相互统一又相互呼应、相得益彰的，以实现立德树人教育目的为核心的思政教育系统。

（三）搭建弘扬劳动精神的专业平台

随着信息技术的迅猛发展和通信设备的更新换代，人类进入全媒体时代。新时代给思想政治工作提出了诸多挑战，也带来了许多机遇。思政教师应紧紧把握新时代青年的心理特点和认知规律，搭建青年学生喜闻乐见的新媒体立体平台，促进劳动精神的弘扬。开设劳动教育微信公众号版块，拍摄微视频，通过推论向大学生发送创新创业的生动实践，用学生身边的事例向青年学生传递劳动光荣的理念，使学生增强诚实劳动意识，积累职业经验，提升就业创业能力，树立正确的择业观和创业观。

（四）探寻具有地方特色、院校特色的劳动精神弘扬路径

中国地域广阔，每个地区风土人情、发展特色各不相同，每所学校各有专业侧重点。劳动教育是以亲身操作、个体参与为主要形式的教育，因此势必要与地区特点、学校特色相结合。思政教师在进行劳动精神相关问题的讲述时，要针对不同学段、不同类型学生的特点，结合地方产业新业态、地区劳动新形态，与学校特色、学校文化相结合，充分挖掘行业企业、职业院校等可利用资源，形成具有特色的劳动精神弘扬方式。

（五）与思政课社会实践相结合

社会实践是思想政治教育的主要方式和关键环节。丰富多样的社会实践活动可以让学生全面地感受中国社会的经济文化发展成果，进而在学生心中树立"四个自信"、自觉做到"两个维护"。在思政课中进行劳动精神教育，也需发挥社会实践"第二课堂"的作用。同时需要明确，弘扬劳动精神的实践活动，又不同于一般意义上的思政实践。思政实践方式多样，提倡在体察、参观、寻访、调研中进行实践。而劳动教育最大的特点就是一定要身体力行、亲身实践，主张在实际操作中树立崇尚劳动理念，激发拼搏进取的信念。思政教师要把握二者的联系与区别，选择更为有效的方式开展实践活动，达到弘扬劳动精神的目的。

第三节 立德树人与大学生劳动教育

将劳动教育融入高校立德树人的全过程，有助于帮助大学生深化对人的本质的认识，有助于促进大学生实现自由全面的发展，有助于高校更好地坚持社会主义教育的根本原则。当前，劳动教育融入高校立德树人全过程存在不同程度的缺位和错位问题。为解决这些问题，需要坚持将劳动教育融入课堂教学、坚持将劳动教育融入校园文化建设、坚持将劳动教育融入实践教学，从而有力地推动高校立德树人根本任务的实现。

教育关系到培养社会主义建设者和接班人的重大问题，中国共产党历来高度重视教育问题。"'培养什么人'问题是教育的首要问题，决定着教育的根本任务和目标方向。"在中华人民共和国成立初期，教育方针是"使受教育者在德育、智育、体育几个方面都得到发展，成为有社会主义觉悟的有文化的劳动者"。1999年中共中央国务院《关于深化教育改革推进素质教育的决定》提出"培养德智体美全面发展的社会主义建设者和接班人"。在2018年9月10日召开的全国教育大会上，习近平总书记强调"培养德智体美劳全面发展的社会主义建设者和接班人"。习近平总书记把劳动教育纳入党的教育方针，充实了教育方针的内涵，使得"培养什么人"的目标更加明确。

一、劳动教育融入高校立德树人全过程的重要意义

（一）劳动教育有助于大学生深化对人的本质的认识

劳动创造了人类本身，塑造了人的本质，是人类生存和发展的重要基础，也是促进人类自由全面发展的重要途径。劳动教育并不是单纯地传授劳动技能，还包含德育、智育、体育和美育，通过劳动教育能使大学生接受到系统教育，促进大学生的全面发展。在社会主义社会，不再存在阶级的区分，阶级剥削和阶级压迫也失去了存在的根源，劳动不再是奴役人的手段，而成为解放人的手段，成为促进人自由全面发展的重要途径。"生产劳动给每一个人提供全面发展和表现自己的全部能力即体能和智能的机会，这样生产劳动就不再是奴役人的手段，而成了解放人的手段，因此，生产劳动就从一种负担变成一种快乐。"加强对大学生的劳动教育，有助于帮助大学生树立尊重劳动、尊重劳动者的良好品质，树立"幸福都是奋斗出来的"的理想信念。

（二）劳动教育有助于高校更好地坚持社会主义教育的根本原则

教育与生产劳动相结合是社会主义教育的根本原则。教育的首要问题是"培养什么人"，社会主义建设者和接班人不能是只会空谈理论的人。习近平总书记曾多次强调"空谈误国"，只有扎实投身于中国特色社会主义伟大实践，在实现中华民族伟大复兴中国梦的伟大征程中奉献自身力量的人，才是社会主义合格建设者和可靠接班人。"伟大的事业

是干出来"，关乎中华民族伟大复兴的教育事业也必须融入"实干兴邦"的思想，加强对大学生进行劳动教育，培养他们脚踏实地的实干精神。习近平总书记在2018年全国教育大会上用"最光荣""最崇高""最伟大"和"最美丽"来形容劳动，既突出了劳动教育在高校立德树人过程中的重要性，也表明高校加强劳动教育的必要性和紧迫性。高校只有加强对大学生的劳动教育，引导大学生树立正确的劳动价值观，才能助推大学生在未来的人生道路上通过辛勤劳动、诚实劳动、创造性劳动实现人生价值。

二、劳动教育融入高校立德树人全过程的解决路径

（一）坚持劳动教育融入课堂教学

课堂教学既是向大学生传授科学文化知识的主渠道，也是加强大学生思想政治教育的主渠道。坚持将劳动教育融入课堂教学，在具体实施上主要有两点：第一，将劳动教育融入高校思想政治理论课教学。劳动教育不仅是劳动技能的教育，更为重要的是劳动价值观的教育。大学生只有树立正确的劳动价值观，他们所掌握的劳动技能才有意义。"思想道德修养与法律基础"一课不仅涉及职业观教育，而且涉及劳动者合法权益保护问题。任课教师在课堂教学过程中可以将劳动价值观与职业观教育相结合，在就业观、择业观教育中有效地融入劳动教育，在"法律基础"部分教育大学生如何维护自身的合法劳动权益。第二，将劳动教育融入专业课教学。在人文社会科学类的专业中，融入劳动价值观教育；在理工类专业中，融入劳动技能教育，尤其注重培养大学生的"工匠精神"。

（二）坚持劳动教育融入校园文化

校园文化作为高校思想政治教育重要的文化环境，对大学生的成长成才具有潜移默化的影响。"思想政治教育文化环境是人的存在和思想政治教育运行的'文化场'，这一'文化场'具有'黏合剂'功能。"校园文化建设的根本目的就是为塑造在精神品质、智慧能力和体魄等诸方面获得充分发展的合格人才创造良好的精神条件和环境氛围。劳动教育融入校园文化，既要融入校风、学风、教风等隐性校园文化，也要融入校园艺术文化活动等显性校园文化。在丰富大学生的课外文化生活的同时，更好地促进大学生全面发展；在潜移默化中让大学生体会到勤奋劳动、诚实劳动对实现人生价值的重要性，并养成艰苦奋斗的良好品质。

（三）坚持劳动教育融入实践教学

实践教学活动是人们获得正确认识的最重要、最基本的渠道，也是检验已有思想、观念是否正确的重要环节。高校通过开展实践教学活动，帮助大学生将获得的正确的思想观念不断内化于心，外化于形，更好地促进大学生身心全面发展。高校学生工作处和团委在组织实践教学活动时可以有针对性地将劳动教育融入其中，让大学生"将学习到的科学文化知识运用到社会实践中，在实践中创造价值，在实践中放飞青春梦想"。

综上所述，高校应在党委的集中统一领导下，以劳树德、以劳增智、以劳强体、以劳育美，培养更多德智体美劳全面发展的社会主义合格建设者和可靠接班人。

第四节 "三全育人"与大学生劳动教育

"三全育人"，即坚持全员育人、全程育人、全方位育人，以学校育人为主，学生家长、企事业单位紧密配合的时间上相互衔接，空间上全面覆盖的育人格局。"三全育人"理念的提出，赋予了劳动教育新的时代内涵和要求，明确了当前社会主义人才培养的新理念；而劳动教育是集系统联动、自我驱动、特长发挥、各方指导、资源充分利用、团队参与协作等特点于一体的综合劳动实践教育。高校劳动教育是通过学生参加有组织、有计划、有目的的劳动生产活动，接受实践，使其身心得到锻炼的过程，在制定国民教育战略、完善教育政策、提高教育质量中发挥着不可忽视的重要作用。

一、"三全育人"理念下加强劳动教育的意义

（一）加强劳动教育是落实"三全育人"的现实要求

在新的历史条件下，我国当代高校大学生的劳动教育呈现薄弱甚至缺失的状态，呈现出劳动教育边缘化、劳动教育功利化、劳动教育片面化的特点。首先，国家在劳动教育方面总体投入不足，缺乏科学的领导管理，无法满足开展更多劳动教育的资源需求；其次，新时期社会物质条件的改善减少了大学生自主参与劳动的机会；最后，"重知识轻实践"的教育评价体系、父母的宠溺及巨大的应试压力都在一定程度上弱化了大学生成长过程中的劳动教育。"三全育人"理念正是要扭转传统劳动教育的逆势，要求加大劳动教育投入，提高对劳动教育的重视程度，创新劳动教育评价模式，转变劳动教育方式，上下一体，各方联动，形成全员参与、全方位覆盖、全过程渗透的劳动教育体系。

（二）加强劳动教育是社会主义事业对大学生发展的内在要求

2015年修订的《教育法》与《高等教育法》明确提出，社会主义建设者和接班人应该具有德、智、体、美等方面全面发展的品质。社会主义事业是劳动者的事业，社会主义事业的成果少不了劳动者的智慧和汗水。大学生作为新时期社会主义事业的劳动者、建设者，肩负着历史重任与时代使命，对大学生加强劳动教育具有重要作用。通过劳动教育与实践，大学生德、智、体、美、劳也能实现全面发展，如可以丰富大学生劳动经验，增强其社会责任感，使其懂得收获来之不易，有利于强化大学生对劳动者的尊重，也能使其在与社会的接触中感受国家发展变化的动态，强化家国情怀。

二、"三全育人"理念指导下的劳动教育实施路径

2017年2月，中共中央、国务院印发的《关于加强和改进新形势下高校思想政治工作的意见》明确提出了高校要坚持全员、全方位、全过程育人的教育思想。"三全育人"思想明确了"由谁教育""何时教育""如何教育"的问题，也为解决劳动教育中存在的现实问题提供了清晰明确的思路和方针，对于完善劳育机制、提高劳育实效有重要指导意义。

（一）全员参与，加强劳育队伍建设，营造劳育浓厚氛围

全员育人要求育人主体多元化，动员多方育人力量参与劳动教育工作，形成育人合力。除了专职负责学生教育管理服务工作的学工队伍外，还应包括任课教师、学生骨干、行政管理人员等，共同作用。北京理工大学在"书院制"育人模式下，推行"三全"育人导师制，"三全导师"既是"三全育人"工作的主体，也是劳动教育的重要抓手，各方人员协同配合，形成劳育合力。

首先，巩固辅导员教育主导作用。辅导员是学生学习和生活最为直接的管理者，在劳动教育中发挥着主导作用，应在日常教育管理服务学生的过程中贯彻劳动育人的理念。例如加强社区管理，社区是学生日常学习和生活的重要场所，辅导员应定期深入走访学生宿舍，熟悉了解学生的基本劳动情况和思想，如发现问题及时对学生进行指导，同时要掌握学生的实际需求，为学生提供适当的理论学习或实践锻炼机会，鼓励学生之间相互学习相互帮助，切实帮助学生树立劳动观念、培养劳动精神、养成劳动习惯、提升劳动技能。

其次，发挥"三全导师"教育引领作用。"三全导师"包括学术导师、学育导师、朋辈导师、通识导师、校外导师、德育导师等类型。"三全导师"在通过教育讲座、师生座谈等导学形式与学生进行交流时，适当融入劳动教育内容，帮助学生树立正确的劳动观念和劳动意识，协同辅导员了解学生劳动素养情况，发现劳动提升需求，尤其是充分地发挥朋辈导师的引领作用。朋辈导师一方面作为导师，有教育和引导学生的职责，另一方面，作为学长学姐，相较于其他导师更加了解学弟学妹们的生活和学习环境，因此也更容易发现问题，从而更有利于及时纠正问题。同时朋辈导师要严格要求自身，发挥榜样示范作用，辐射更多同学，营造良好的劳动氛围。

最后，加强各部门间的教育协同作用。全员劳动育人需要全校各个部门协同。除了学生干部工作外，行政和管理人员也应转换工作理念，提升育人意识，在与学生交流中弘扬劳动精神、为学生提供劳动实践机会，同时善于发现问题，并且配合学生工作干部做好学生的教育和引领工作。例如社区管理工作人员，除了做好学生的管理和服务工作外，也要发挥教育和监督的作用，在日常工作中如发现学生存在教育观念或教育实践方面的问题，应及时给予指导，必要时联络社区辅导员，相互配合做好学生的跟踪指导工作。

（二）全过程渗透，建立长效育人机制，保证劳育连贯性与整体性

劳动教育不能一蹴而就，而是需要从点滴处入手，从长远处着眼，通过长效细微的劳

动育人机制来真正对学生的劳动观念和劳动能力产生影响。同时，对于不同时期的学生来说，学生所处教育环境不同，教育目标也不尽相同，因此面向大学生的劳动教育不能一概而论，既要具有一定的针对性和动态性，更要具有长期性与连贯性。

首先，重视大学生入学阶段劳动教育，系好人生第一颗扣子。对于大一新生来说，很多是第一次离开家庭、离开父母，他们缺乏实践知识和劳动锻炼，最迫切需要的是尽快地适应集体生活，培养独立劳动的能力。因此，针对大一新生，高校应在入校伊始就组织学生自我服务劳动教育，激发学生劳动兴趣，了解劳动重要性，例如充分发挥"全员育人"力量，提高深入宿舍频率，在走访新生宿舍过程中开展劳动教育，发现并整理问题，解决学生当务之急的同时为后续开展系统性的劳动教育打好基础。除此之外，在新生军训中也可融入劳动实践，包括个人实践和集体实践，在集体实践中引入团队意识，使同学们在集体劳动过程中体验收获与快乐，提升劳动兴趣，培养劳动精神。此外，在其他入学教育系列活动中，加强思想引领，可以通过介绍劳动先锋模范事迹或者其他关于劳动教育重要性的内容让学生了解劳动教育的时代内涵与意义，鼓励学生尽快参与到劳动当中，提升劳动素养，适应大学生活。

其次，加强大学生在校期间劳动教育，全面提升劳动素养。大二、大三阶段是学生成长成才的重要阶段，在这一阶段当中学生已基本适应了大学生活，对大学生活的迷茫和疑惑减少了，而学习能力和实践能力都飞快提升，对基本生活技能的需求开始降低，而对自我实现和高阶劳动能力的需求不断提高了。因此这一阶段，要全面发挥教育教学主阵地作用，并且充分利用"第二课堂"平台，同时创造各种实践锻炼机会，面向大学生开展更为深入的劳动教育。例如开设专门劳动教育课程，通过理论结合实践帮助学生掌握劳动技能。或者开展劳育活动，通过趣味又实用的劳动小活动使得同学们在学习技能的同时丰富课余生活，体验劳动的快乐。鼓励同学们参与勤工俭学、社会实践、志愿服务等实践活动，在实践中培养劳动精神，锻炼劳动能力。

最后，深化大学生毕业前期劳动教育，为学生步入社会保驾护航。大学生步入社会前，是开展劳动教育的关键阶段，劳动教育应与就业指导、毕业实习、实训充分结合。一方面帮助学生正确了解自己的能力水平，认知到不足并及时改善，从而全面提升自己的劳动本领，为将来步入社会更好地生活和成长成才打好基础；另一方面，要在教育中磨炼学生意志、砥砺学生品格，帮助学生形成健全完善的人格，同时培养学生勤奋、踏实、严谨的劳动品质，弘扬新时期"劳模精神""劳动精神"和"工匠精神"，帮助学生更好地适应社会和面对竞争，培养出爱岗敬业、勤奋工作、锐意进取、勇于创造的社会主义建设者和接班人。

（三）全方位融合，丰富劳动教育形式，提升劳育工作实效

全方位劳动育人是指充分挖掘和整合校内校外、课上课下、线上线下多方面教育资源，以更加丰富的形式、更加全面的内容来支持劳动教育，从而更好地满足学生劳动学习需求，激发劳动学习兴趣，提升劳育工作实效。

首先，构建学校、家庭、社会联动的劳育网络。学校、社会和家庭都是开展劳动教育的重要阵地，发挥着重要的育人作用，三方相互配合、相互补充能达到更好的劳动教育实效。第一，全面发挥家庭隐性劳育作用。对于劳动教育而言，家庭教育是学生的启蒙阶段，绝大部分同学的劳动观念、劳动意识以及基本劳动技能都是从家庭教育当中获得的。因此，为了真正做到全方位劳动育人，要做好家校携手，父母要发挥积极的教育影响作用。既要注重言传身教，以身作则，为学生树立劳动榜样，同时，也要在家庭创造良好的劳动氛围，让学生从小培养"劳动光荣"的意识，此外，要多为学生创造劳动机会，从锻炼中提升劳动能力。第二，切实发挥学校劳育主阵地作用。从课程、活动、实践、文化、管理等方面进行全方位的劳动教育。通过设置劳动教育培训相关课程和讲座来有针对性地提升学生劳动素养，通过多种多样的劳育活动和校内实践激发学生的劳动兴趣，并且在实践中一边检验自己的劳动能力，一边学习劳动技能。在学校中营造浓厚的劳育文化氛围，"书院制"模式下的学生社区，作为学生学习和生活的重要场所，在社区中营造劳动氛围，加强管理，可以促进学生培养劳动精神、树立劳动意识，同时促进学生相互之间的交流学习。在社区管理过程当中，可以进一步规范学生行为，发现学生劳动方面存在的不足，并且在社区中为学生提供锻炼自己的机会和平台。第三，充分发挥社会劳育教化作用。社会是锻炼人的大学堂，要充分发挥社会的育人功能，鼓励学生参与社会实践，到社会当中锻炼自己。例如参与志愿服务、社会调查、校外实习、勤工俭学等，不仅能够提升学生的劳动素养，同时对于提升学生思想认识，培养学生社会责任感有一定的促进作用。此外，要善于挖掘校外的优秀劳动教育资源，并且尝试以合适的方式引入校内，发挥学校＋社会，"1+1＞2"的劳动育人作用。

其次，形成课上、课下互促互补的劳育体系。在学校教育中，按照教育的时间和空间，可分为课堂教育与课外教育，也就是所谓的课堂教育与"第二课堂"教育。在课堂上，学生可通过专业的课程学习知识，课堂以外，开辟"第二课堂"，学生通过参与系列有目的、有计划、有组织地开展教育活动来进一步学习知识和技能，并在实践中增长才干。第二课堂与课堂教学相比，时间和地点的选择更为灵活，学生可以根据需要自愿参加，针对性地提升自身。对于劳动教育而言，课堂教学与第二课堂无疑都是重要的教育渠道，两者相互促进、相互补充，共同发挥作用。课堂劳育方面，一方面包括专门开设的劳动教育通识课程，例如"劳动概论""劳动科学概论"等；另一方面可以将劳动教育融入大学生的专业课程学习当中，强调劳动伦理、劳动态度等，全面培育劳动精神，更要在课程上挖掘关于"工匠精神""劳模精神"等特色劳育资源，开展特色专业劳育课程。第二课堂劳育方面，一方面可结合第一课堂的教育内容，挖掘校内外资源，以丰富生动的形式开展教育活动，作为第一课堂补充；另一方面可通过多种多样形式的劳动活动和实践锻炼，例如社团活动、宿舍文化、劳育小课堂等引导同学们在活动中认识到劳动最光荣、劳动最崇高、劳动最伟大、劳动最美丽的道理，自内而外地提升学生劳动素养。

最后，打造线上、线下相互融合的劳育平台。随着互联网的发展和普及，打破传统时间空间限制的"互联网+"教育越来越多地出现在校园内。对于劳动教育而言，除了传统的线下教育和实地实践活动，也应充分挖掘丰富的线上学习资源，将线上与线下结合，实现"混合式"劳动教育。线上方面，一方面可以充分利用关于劳动技能教学或者弘扬劳动精神，培养劳动意识的相关教学资源，例如视频教程、图文教程、典型劳动榜样先进事迹分享等，开设网络劳动课程，依托互联网庞大的信息网络，线上劳动课程涵盖范围更大，资源也更加丰富；另一方面，可以利用网络构建支持师生或者生生间交互的网络平台，为学生提供协作交流的平台，学生们在互联网上分享劳动技能，交流劳动感受，认识劳动伙伴，可以极大地激发学生的劳动热情。线下方面，一方面通过各种线下课程和实践活动实现劳动育人；另一方面，可以在课程设置时将线上资源融入，使线上、线下相互呼应，相互补充，实现真正的"混合式"劳动教育。这种"混合"包括环境上的混合，也就是网络学习环境与线下教学环境的混合。也包括学习方式的混合，比如将移动学习与课堂学习相混合，自主学习与集中学习相结合，理论知识学习与实践训练相结合等。同时还包括学习资源的混合，也就是网络劳育资源与线下劳育资源的混合。混合式劳动教育有助于挖掘更多优质的学习资源，提高学习实效，激发学习热情。

总的来说，在"三全育人"理念下，"全员""全过程""全方位"三者是相互关联、相互依托的。全员参与是开展"三全育人"理念下劳动教育的基础，是全过程和全方位育人的保障。全过程渗透离不开全员的参与，渗透过程中也需要多方位融合，全方位融入。新时代背景下，开展全员、全过程、全方位的劳动教育，是培养学生劳动价值观和劳动素养，提升育人实效的重要途径，对于打开新时代劳动教育新局面，实现立德树人的人才培养任务具有重要意义。

第五节　精神培育与大学生劳动教育

劳动教育和大学生担当精神的培育是中国特色社会主义教育制度的重要内容，推动高校劳动教育和大学生担当精神的融合发展对加强构建德智体美劳全面发展的教育体系有着重要的作用。本节在明晰新时代我国高校劳动教育和大学生担当精神培育的基本内容基础上，探讨高校劳动教育和大学生担当精神融合发展的必要性和重要性。

一、新时代我国高校劳动教育与大学生担当精神培育概述

（一）新时代我国高校劳动教育概述

1.新时代我国高校劳动教育的基本内涵

"'两个一百年'奋斗目标的实现、中华民族伟大复兴中国梦的实现，归根到底靠人才、靠教育。"为构建符合我国发展需要的德智体美劳全面发展的优秀人才教育体系，劳动教

育又一次回到大众视野。《中共中央国务院关于全面加强新时代大中小学劳动教育的意见》中指出:"实施劳动教育重点是在系统的文化知识学习之外,有目的、有计划地组织学生参加日常生活劳动、生产劳动和服务性劳动,让学生动手实践、出力流汗、接受锻炼、磨炼意志,培养学生正确劳动价值观和良好劳动品质。"

由以上内容可见,我国的劳动教育是指教育者用一定的实践要求,对受教育者施加有目的、有计划、有组织的影响,使他们形成符合一定社会要求的实践能力和劳动价值观的社会实践活动。受教育者的劳动类型包括生活劳动、生产劳动和服务型劳动。

2.新时代我国高校劳动教育的主要内容

新时期我国高校劳动教育内容有了新的要求,《中共中央国务院关于全面加强新时代大中小学劳动教育的意见》中对高校劳动教育的内容指出:"高等学校要注重围绕创新创业,结合学科和专业积极开展实习实训、专业服务、社会实践、勤工助学等,重视新知识、新技术、新工艺、新方法应用,创造性地解决实际问题……"所以,我国高校劳动教育主要是围绕生产劳动和服务性劳动展开。

首先是生产劳动,对大学生来说,生产劳动包括勤工助学、实习实训等。通过这样的方式,高校组织学生进行生产劳动,有利于促进学生的社会实践能力,能够为毕业后的创新创业和就业发展奠定实践基础,从而在一定程度上提高学生毕业后的社会适应能力。

其次是服务性劳动,这里所指的服务性劳动是带有公益性的社会实践活动。高校加强学生的服务性劳动教育有利于培养奉献精神、担当精神和责任意识以及为公共服务的意识,一定程度上对塑造大学生的道德品质起到推动作用。

(二)我国高校大学生担当精神培育概述

1.担当精神的内涵

从"天将降大任于斯人"到"不破楼兰终不还";从"岂因祸福避趋之"到"横眉冷对千夫指",虽然历朝历代对担当精神的理解不同,但是,担当精神从古至今都是中国人引以为傲的民族精神之一。中国特色社会主义进入新时代,习近平对担当精神作出了全新阐释:担当就是"坚持原则、认真负责,面对大是大非敢于亮剑,面对矛盾敢于迎难而上,面对危机敢于挺身而出,面对失误敢于承担责任,面对歪风邪气敢于坚决斗争"。由此可见,担当精神的内涵是由坚持原则和认真负责两个方面构成。

首先,坚持原则是指在大是大非面前坚持正确的理论导向和行为导向,不被邪恶蛊惑,敢于同邪恶势力做斗争。对大学生而言,坚持原则就是要坚定理想信念,不被外物蛊惑,积极从事对祖国和人民有利的活动。其次,认真负责是指敢于承认自己的错误,面对危机能够迎难而上,不畏缩不后退,积极站好每一班岗。对大学生而言,犯错并不可怕,需要有积极承认错误的勇气,针对生活中的困难需要积极面对并解决。

2.我国高校大学生担当精神培育的现状

一方面,培养大学生担当精神,立足新时代,把握大学生社会责任担当意识培育的现实要求是高校思想政治教育工作的重要内容。目前我国高校对大学生思想道德建设的重视程度越来越高。这集中体现在高校不断加强和完善思想政治教育教师队伍建设、通过开放"慕课"等公共课程对学生进行思想政治教育，等等。这在一定程度上对大学生担当精神的培育起到了促进作用，使学生产生了一定的担当意识。

另一方面，在高校对大学生担当精神培育的过程中也出现了理论知识与实践分离、教育形式过于单一等现象。对大学生担当精神的培育不应该仅局限于通过思政课程，还可以将其渗透进各个学科教学，潜移默化地让学生接受教育。

二、新时代我国高校劳动教育对大学生担当精神培育的作用

（一）新时代我国开展高校劳动教育对大学生担当精神培育的必要性

1. 高校开展劳动教育是培育大学生担当精神的重要途径之一

我国高校开展的劳动教育，对大学生实践能力的培育和民族精神的培育都有重要作用。首先，通过对大学生实行劳动教育，特别是生产性劳动教育在一定程度上能够提高大学生社会实践能力。我国普通高校通过对大学生实行生产性劳动教育，培养大学生的劳动意识和动手能力，使大学生具备一定的社会实践能力，在大学生走向社会后能够更快地适应社会。

其次，通过对大学生实行劳动教育，特别是服务性劳动教育，在一定程度上能够促进大学生对社会主义核心价值观和民族精神的理解。比如：很多同学毕业后选择参加"三支一扶"或在社区进行义务劳动，用自己的行动诠释青春。这些同学用自己的行动为千千万万的大学生上了一堂课，告诉我们什么是担当精神，这就是劳动教育优越性，通过劳动教育可以培育大学生的担当精神。

2. 培育大学生担当精神可以推动高校劳动教育目标的实现

"新时代劳动教育主要育人目标就是针对一些青少年中出现的不珍惜劳动成果、不想劳动、不会劳动的现象，从思想认识、情感态度、能力习惯三个方面面向全体学生提出劳动教育目标，突出强调劳动教育的思想性。"《中共中央国务院关于全面加强新时代大中小学劳动教育的意见》中对于我国新时代劳动教育的目标进行了阐述。由此可知，我国新时代劳动教育的目标主要是从思想认识、情感态度和能力习惯三个角度来阐释。想要养成良好的能力习惯就必须从思想上坚定劳动观，从情感上培养奋斗奉献的劳动精神。培育大学生的担当精神，能够使大学生从情感上养成乐于奉献勇于担当的精神，从而形成正确的家国观、人生观。这对劳动教育目标的实现可以起到推动作用。

（二）新时代我国高校开展劳动教育对大学生担当精神培育的重要性

1. 高校开展劳动教育使大学生担当精神的培育从理论走向实践

针对我国高校对大学生担当精神的培育存在理论知识与实践分离、教育形式过于单一等现状，在高校实施劳动教育能够丰富担当精神培育的形式和内容，使大学生担当精神的

培育从教育者的口头讲述和课本的理论知识中得到延伸，采取更加生动灵活的劳动实践手段，让大学生能够潜移默化地学习担当精神，并对他们产生深远且持久的影响。我国高校对大学生担当精神的培育主要还是通过思想政治教育课程，而理论知识的教育往往存在学习效果不佳、学生学习热情不够高的现象。高校开展劳动教育，使同学们走向实践，一方面提高了同学们的热情，另一方面理论与实践相结合巩固了担当精神培育的效果。

2.高校开展劳动教育创新了大学生担当精神培育的方式方法

我国高校传统的担当精神培育方式主要是通过思想政治教育必修课和选修课进行理论灌输和引导。其他方式还有开展活动或主题班会，以及学生组织的引导等。劳动教育的开展，为大学生担当精神的培育提供了新的方式方法，学生可以走出课堂，用切身体验去领悟什么是担当精神。在这种新的教育方式的推动下，学生可以在劳动中将课堂所学理论知识与实践相结合。不仅丰富了担当精神培育教学的内容，也完善了担当精神培育教育教学模式。

三、新时代我国高校劳动教育与大学生担当精神培育的融合路径探析

（一）新时代我国高校应促成劳动教育与担当精神培育理论的融合

新时代，为把我国建设成为富强、民主、文明、和谐、美丽的社会主义现代化国家，作为大学生应该做到德智体美劳全面发展，劳动教育不仅要靠实践，理论教育的重要性也不容忽视。在进行劳动教育的理论教育过程中，我们也应该看到其与担当精神教育的联系。认真负责、坚持原则作为大学生担当精神的重要内容，不仅体现在担当精神的培育中，还体现在劳动教育的理论教育中。劳动不仅要做，还要"做好"。要教育学生"做好"劳动，认真负责，就必须在劳动教育的理论教育过程中融入大学生担当精神的培养，这样才能提高劳动效率，将劳动教育的成果充分展现。与此同时，也能在劳动中培养大学生的担当精神，一举两得。

（二）我国高校应促成劳动教育与担当精神培育实践的融合

高校应因地制宜地利用社会历史文化资源实现在劳动中培育大学生的担当精神。高校应该因地制宜地利用当地特有的历史文化遗迹，将劳动教育与担当精神的培育融入其中，使学生在环境中潜移默化地接受劳动教育和担当精神的培育，这样还能使历史文化遗迹在当今社会焕发新的活力。比如：组织学生在当地爱国主义教育基地做志愿讲解员或者利用当地的历史文化场馆，通过组织同学实地参观或调研达到劳动教育与担当精神培育的融合。

高校应充分发挥服务性学生组织的影响力促成劳动教育与担当精神培育的融合。我国高校有形式各样的学生组织。其中，有很多服务性的学生组织，比如志愿者协会、学生服务中心等。在开展劳动教育的过程中，高校应该看到这类学生组织的潜力，充分利用好学

生组织资源，分配老师配合学生组织工作。通过学生组织组织学生进行劳动教育，能够让学生们在自我管理中进行劳动教育的同时，督促学生在服务性劳动结束后，积极总结感悟，培养大学生担当精神。

高校应充分利用学生寒暑假社会实践活动促成劳动教育与担当精神培育的融合。目前，各高校都会在寒暑假组织学生进行社会实践，社会实践的种类非常丰富，小到社区服务，大到环境治理等。随着这些年高校对大学生寒暑假社会实践模式的不断探索，部分高校有了较为完备的寒暑假社会实践体系。

第六节　传统文化与大学生劳动教育

中华优秀传统文化是高校大学生劳动教育不可或缺的组成部分，对当下我国高校大学生劳动教育具有重要作用。新时代劳动教育蕴含着丰富的价值目标，即加强劳动教育，有利于实现强身健体；有利于塑造核心价值观；有利于促进人的全面发展。劳动人民在历史长轮和时间积淀中形成的中华优秀传统文化，是新时代大学生劳动教育的重要文化资源。推动中华优秀传统文化融入大学生劳动教育，我们需要探寻两者有效融合的路径。

一、新时代大学生劳动教育的意义追寻

（一）劳动教育有利于实现强身健体

劳动在人类进化过程中承担着重要的作用。在猿类向人类进化的过程中，以劳动作为载体开始练习直立行走，逐渐将四肢独立出来，四肢的发展带动了整个身体机能的发展，最终发展成为具有独立意识的"人"。而正是通过劳动这一载体，才使得动物和人的界限逐渐清晰。

通过劳动教育使得大学生拥有强健的身体，尤为重要的是实现劳动教育的机能"协同"。这里说的"劳动"不仅仅是身体上的训练，而是指身心合一、身体力行、动手操作的活动。通过劳动教育强身健体，充分调动肉体的耐力、毅力和劳累，也增强了心灵的专注、投入、兴奋和需要。大学生以积极能动的态度投入劳动过程，能够有效地发挥创新性，提升个体的精神世界，促进个性自由全面发展。

（二）劳动教育有利于塑造核心价值观

在全国教育大会上，习近平总书记高度重视劳动教育在教育中发挥的重要作用。在新时代背景下，大学生是未来社会主义建设的生力军，更是实现"两个一百年"宏伟目标的中坚力量。因此，让广大大学生明白劳动的重要性，是在和谐的劳动关系中推动社会进步、实现中国梦的前提条件。随着新时代的发展，社会大力提倡劳模精神和工匠精神的建构。劳动教育是实施素质教育的重要一环，对树德、增智、强体、育美起着重要的作用。高校

通过开设劳动教育课程和借助社会实践等方式，帮助大学生树立科学的劳动价值观，并明白劳动教育的深厚内涵和价值，从而能够形成崇尚"劳动光荣"的良好风尚。

（三）劳动教育有利于促进人的全面发展

人的全面发展是在实践过程中不断地获得身心解放和自由、丰富人的本质的过程。然而，完成人的全面发展离不开劳动这一载体。生产劳动与智、体育的有机融合，能够不断地将无形的力量转化为可量化的生产力，也可以借助这种手段不断地促进人的全面发展。因此，实现个人发展的重要途径离不开劳动教育。现代教育应该把教育融入生产劳动的全过程，提供丰富的教育文化资源，将终身教育的精神熔铸于人的全面发展。习近平总书记提出在现阶段的社会背景下，要建设一支知识型、技能型、创新型劳动大军，这是我国新型劳动者的历史使命和必然选择。新型的劳动教育，会使个体摆脱原有的狭隘劳动的片面性，提高人的创造能力，促进人的自由全面发展。

二、中华优秀传统文化的劳动教育价值意蕴

在新时代背景下，劳动教育绝不是简单意义上劳动技术知识和劳动技能的教育，更重要的是对学生进行科学的劳动观教育，开展丰富的教育活动，从而实现增智、树德、促创新的价值目标。我们在新时代环境下想要开展有效的劳动教育，需要从中华优秀传统文化中汲取营养，找寻无法替代的劳动教育资源，整合深邃的劳动精神。

（一）中华优秀传统文化彰显了劳动的哲学价值

人的生产劳动不仅是作为生存发展的外在需要，也是人们调节人与德行的内化方式。我们的祖先在农耕劳动中制造了一系列的劳动工具，从简单粗放的石质工具到精耕细作的农产工具，充分都体现了中华人民在生产劳动中的智慧之美。农耕时代，单个的劳作方式不足以让人类存活下来。于是，群体的劳作方式成为华夏人民的必然选择。他们利用劳作的空余时间，将他们的生产生活经验口耳相授地保存下来，给千万华夏儿女留下宝贵的精神财富。早在春秋时代，孔子就提出了勤劳是成仁尽孝的内在德行。在孔子的"仁孝"观念中，他认为仁德是成人之根本，而勤劳则是成人成德的内在要求和逻辑前提。从中我们可以看到，孔子认为劳动教育对于养成仁德、勤劳的品质有着独特的作用。中华优秀传统文化处处彰显了劳动的重要性，劳动是修炼内在德行修养的最好方式。这是中华民族在生产实践中总结出来的宝贵经验，更是人们思想观念从束缚走向解放的巨大飞跃。

（二）中华优秀传统文化阐释了劳动的生态智慧

传统的农耕方式遵循自然法则，改善了原有的自然条件，也为物质的循环可持续生产提供了有力支撑，是一种"天人合一"的生态逻辑。华夏祖先利用自然改造世界，不仅体现了辛勤劳动的奋斗精神，但更为重要的是他们顺应天命、艰苦朴素和宽以待人的精神内核。中国古代占据主流地位的哲学观强调"天人感应"，讲究天时、地利、人和的相互作

用力。这种哲学观作为中国古代宇宙观的核心要素，衍生出很多对于指导农业生产的实际建议。这些指导作用均强调了一种生态和谐之美，随着这种自然和谐之美慢慢升华，使得人与自然的依赖关系逐渐地转变到人与人、人与社会的关系。

（三）中华优秀传统文化传播了劳动的创新精神

人类从采集食物到农业生产，并不是一蹴而就的，这需要长期不懈的摸索和尝试。在人们对客观事物不断认识的过程中，个体的主观能动性和实践创造性也随之大幅度地提高。当我们惊叹于中华文化博大精深、鬼斧神工的时候，我们应该清晰地看到，这些都离不开中华民族的辛勤劳动和伟大的创造能力。《齐民要术》是人们对农耕工具、农耕技术的创新性总结；古代的四大发明是华夏人民的创新性发明并传播到世界各地；天文、水利技术都是劳动人民总结生产生活的宝贵经验，体现了劳动人民的创造性。

三、中华优秀传统文化融入大学生劳动教育的实践路径

（一）改变观念，提高认识

大力增强大学生中华优秀传统文化的认同感，是提升劳动教育效果的前提条件。首先教师可以利用课堂教学这个主阵地，深入挖掘中华优秀传统文化和新时代下大学生的劳动教育两者之间的相关性，结合中华优秀传统文化的核心精髓多形式地对大学生进行劳动教育。其次可以鼓励大学生阅读具有代表性的书籍，从中吸取劳动文化精华，领悟劳动文化的魅力，使得大学生更深入地了解劳动文化。除此之外，将单一形式的劳动教育活动转化为常态化教育，通过微信、微博等网络媒介，建立交流论坛，在日常生活中就可以感受到劳动文化的学术氛围，增强大学生学习传统文化的兴趣。

（二）亲身体验，融入实践

新时代下，大学生的劳动教育不应停留在课堂上的理论层面，而应该积极探寻多种大学生所喜闻乐见的内容形式，创新性地开展丰富多彩的大学生劳动教育活动。因此，现阶段，高校应将中华优秀传统文化融入劳动教育工作，应当着重突出劳动教育这一主题，致力于把劳动教育深入落实高校大学生社会实践活动的整体规划，而不是将劳动教育浮于表层。积极发掘适用于高校大学生劳动教育的社会资源，一方面将优秀传统文化融入社会实践，实现课堂教学与实践体验相结合。比如：可以经常组织同学们积极踊跃地参与社区服务，鼓励同学们深入实践，加入到寒暑假志愿服务活动。另一方面，高校可以以重大历史节日为契机，努力探寻传统节日积淀的文化因子，并可依托我国的"劳动节"等传统节日，开展多种形式的劳动教育主题活动，使得高校的学生们能够不断地在实际参与体验中将劳动教育的理念内化。

（三）文化资源，走进校园

加强中华传统文化的学习，推进中华优秀传统文化资源走进校园。一要挖掘传统优秀

文化资源的研究，旨在将我国优秀传统文化中的"劳于利己""劳动至上"的思想内核融进实际活动之中，逐步引领大学生们对我国优秀传统文化的认知感。二要推进文化传承的实践，要寓学于行，坚持学习实践相结合。在文化资源学习研究中，走向社会，开展丰富的社会实践活动，使得文化资源得到更好的宣传。三要使文化资源承载的劳育品质外化为为民服务的实际活动。可以说中华优秀传统文化资源进校园，是实施劳动教育的核心内容，也是提升劳动教育的重要手段。

  总之，广大教育工作者要善于深挖中华优秀传统文化中的文化资源，大力研究劳动教育的价值，通过有效的劳动教育活动为新时代的建设培养出合格的劳动者和接班人。在大学生劳动教育过程中，要充分挖掘中华优秀传统文化的丰富资源，将中华优秀传统文化和劳动教育活动有效整合，构建校园崇尚劳动的良好风尚。创新劳动教育形式，充分借助中华优秀传统文化的优势，多途径地传播和弘扬优秀的劳动观，这对于开展大学生劳动教育而言是有效的措施。

第三章 大学生劳动教育的精神谱系

第一节 弘扬劳模精神

"爱岗敬业、争创一流,艰苦奋斗、勇于创新,淡泊名利、甘于奉献"的劳模精神是对新时代劳动模范这一群体所展现的宝贵精神的总结,是伟大时代精神的生动体现。"劳动模范和先进工作者是坚持中国道路、弘扬中国精神、凝聚中国力量的楷模,他们以高度的主人翁责任感、卓越的劳动创造、忘我的拼搏奉献,为全国各族人民树立了学习的榜样。"习近平在庆祝"五一"国际劳动节暨表彰全国劳动模范和先进工作者大会上的讲话中肯定了劳模精神的重要地位,强调了劳模精神在新时代的重要价值。那么,在新时代如何理解劳模精神,这一伟大精神在新时代具有怎样的意义,这些劳动模范的成长经历对于新时代劳模的培育具有怎样的经验启示。这是新时代研究劳模精神需要回答的重要的理论与实践问题,对于劳模精神的宣传、弘扬与培育具有重要的时代价值。

一、深刻把握劳模精神的时代内涵

通过研究广大劳模的事迹和经历可以发现,理解劳模精神就是要理解敬业、奉献、创新、奋斗这四个关键词。"爱岗敬业、争创一流,艰苦奋斗、勇于创新,淡泊名利、甘于奉献"的劳模精神中明确体现了敬业、奉献、创新、奋斗的本质特征。感恩、坚持、诚信等都是劳模们的优秀品质,但敬业、奉献、创新、奋斗是劳模们的共同核心特质,是新时代劳模精神最为重要的内涵。

(一)敬业是劳模精神的基础

劳动者成为劳动模范要坚持的第一个原则就是敬业,敬业是普通劳动者成为劳动模范的基本品质。诸葛亮一生兢兢业业,实践了"鞠躬尽瘁,死而后已"的敬业精神。敬业不仅是中华民族的传统美德,同样也是新时代社会主义核心价值观的重要内容。敬业,就是一个人在职业活动领域内具有责任感和使命感,在热爱基础上的全身心投入的精神状态,把工作看成自己的责任和使命。正是因为自觉、强烈的敬业态度,劳模们才以车间为家、以单位为家,才具有积极主动的奉献意识、创新意识、奋斗意识、职业意识,才能把普通平凡的工作做得不平凡。对广大劳动者而言,敬业是一种工作上的普遍要求,但对劳模们而言,敬业并不是一种对工作的严格要求和约束准则,而是已然成为他们的一种自然的工作态度,一种发自内心地对工作的热爱和对劳动的追求。正是在此意义上,敬业是劳模精神的基础。敬业的工作态度使得劳模们对岗位无私奉献、拼搏奋斗、进取创新。敬业是每个劳动者都应具有的品质,而劳模只是将这种品质真正内化于心,外化于行。

(二)奉献是劳模精神的重点

所谓奉献,是指对工作不求回报的爱和全身心的付出。"历史承认那些为共同目标劳动,因而使自己变得更加高尚的人。那些为最大多数人带来幸福的人,经验证明他们为最幸福的人。"劳模们的工作是为人民服务的工作,是为建设社会主义现代化强国而服务的工作。劳模们的无私奉献使得他们为所从事的工作和行业创造更大的收益,实现更大的价值,使中国特色社会主义各项事业蓬勃发展。劳模们的无私奉献同样表现在对他人的关心爱护上,在做好本职工作的同时尽自己所能帮助他人,为有困难的人带去帮助和希望,他们在实现自身幸福的同时不忘为他人带来幸福。为工奉献、为民奉献的劳模将自己的时间和精力都投入到工作中,投入到帮助他人的行动中,从而为单位作出了更多贡献,为他人提供了更多温暖。对工作的奉献、对他人的奉献是劳模们无私付出的优良品质的见证。

(三)创新是劳模精神的核心

习近平指出,创新是引领发展的第一动力。抓创新就是抓发展,谋创新就是谋未来。广大劳动者都在工作岗位上努力做好自己的工作,而劳模们在普通劳动者中脱颖而出的最核心要素就是创新。社会发展日新月异,若因循守旧、故步自封则必然落后于时代的发展。只有不断地创新才能在平凡的工作岗位上作出不平凡的业绩。新的工作方法、新的工作制度、新的工作技术都是创新,不管是什么岗位、什么工作都需要创新,任何一个小创新都会对工作效率、工作效益起到重要的作用。因此,劳模们的突出贡献得益于创新。社会主义制度具有集中力量办大事的优势。每一个劳动者都实现一点创新,为工作作出一点贡献,中国特色社会主义各项事业的发展则会实现巨大的进步。完成工作是所有劳动者的任务,但创新工作方法、创新工作制度、创新工作技术是只有少数人才能实现的目标,从而对提高工作效率、增加工作效益发挥重要的作用,成为广大劳动者学习的榜样。

(四)奋斗是劳模精神的关键

奋斗是中华民族的传统美德,是中华民族发展史中不可缺少的重要精神力量,同样也是新时代宝贵的精神财富。中华人民共和国成立以来,经济的发展,人民生活水平的提高都离不开劳模们的奋斗。正是得益于每一位劳动模范的不懈奋斗,我国才能在"站起来""富起来""强起来"的道路上一步步前进。奋斗就是为了克服困难达成愿望而所做的努力。大多数劳模的人生并不是一帆风顺,其中也经历了挫折、磨难,但他们仍依靠拼搏奋斗的生活姿态努力在自己平凡的工作岗位上作出不平凡的成绩,从而创造精彩的人生。只有以奋斗的生活姿态面对生活中的磨难才能笑对人生。

二、劳模精神的时代价值

挖掘劳模精神的时代价值是充分发挥劳动模范榜样作用的前提，劳模精神具有的重要的时代价值是弘扬劳模精神的突破口。弘扬劳模精神的时代价值，有助于在全社会形成学习劳模的良好社会风尚，有助于将劳模精神转化为物质力量，推动中国特色社会主义实践在新时代的新发展。

（一）丰富了新时代民族精神，实现了抽象性与具体性的统一

习近平在重要讲话中指出中国人民具有伟大创造精神、伟大奋斗精神、伟大团结精神、伟大梦想精神。新时代民族精神蕴含着中华民族深厚的文化底蕴，同时具有强大的新时代精神力量。劳模是新时代民族精神的现实载体，凝结劳模优良品质的劳模精神是新时代民族精神的重要内容。劳模具有伟大的创造精神。创新创造是劳模在广大劳动者中脱颖而出的重要原因，是劳模在平凡岗位上作出不平凡业绩的关键因素。劳模具有伟大的奋斗精神。奋斗作为劳模精神的关键，是劳模人生闪光的精神支撑。普通劳动者的成名之路必然离不开奋斗，只有奋斗的人生才称得上精彩的人生。劳模具有伟大的团结精神。人是社会关系的总和，每个人都需要与他人相处，每个人的工作都需要他人的协作，劳模的成功离不开与同事的团结协作。劳模具有伟大的梦想精神。分布于各个平凡岗位的劳动者不甘平庸，具有伟大梦想，才能在理想信念的指引下不断奋斗、不断团结、不断创造，才能在平凡的工作岗位上实现不平凡的人生。劳模是新时代民族精神忠诚的信仰者和坚定的实践者，为广大劳动者提供了实现新时代民族精神的生动典范。劳模精神是新时代民族精神的重要组成部分，实现了理论的抽象性与现实的具体性的统一，为新时代民族精神的弘扬和传播作出了重要贡献。

（二）展现了社会主义核心价值观的精髓，提供了精神转化的现实样本

劳模精神实现了社会主义核心价值观的具体转化，劳动模范实现了社会主义核心价值观转化为情感认同和行为习惯的现实样本。"富强、民主、文明、和谐"的国家价值，"自由、平等、公正、法治"的社会价值目标以及"爱国、敬业、诚信、友善"的个人价值目标的实现都必然诉诸人民的劳动实践。没有对劳动的热爱，没有对中国特色社会主义事业的激情，没有对社会主义现代化国家的追求，社会主义核心价值观就只是一句口号。劳模是广大劳动者中真正将社会主义核心价值观内化于心、外化于行的模范，劳模精神源于生活又融入生活，是社会主义核心价值观的具体转化。新时代，弘扬劳模精神就是弘扬社会主义核心价值观，是将社会主义核心价值观转化为人们的情感认同和行为习惯的重要途径。

（三）成为实现中华民族伟大复兴的精神引领，推动中国特色社会主义事业发展的重要精神力量

中华民族的发展史可以说是中国人民的劳动创造编写的具有伟大精神的历史。中华民

族的伟大复兴不是一蹴而就的,而是需要人民付出辛勤努力,决胜全面建成小康社会、建设社会主义现代化强国都面临着各种挑战。"实现我们的发展目标,不仅要在物质上强大起来,而且要在精神上强大起来。"不惧困难,勇往向前,需要辛勤劳动以及强大的精神支撑,新时代劳模精神则凸显出其独特价值。在新冠肺炎疫情期间,广大的医生、护士发挥了伟大的劳模精神,坚守在抗疫一线,为中国战胜疫情作出了不可磨灭的贡献。劳模是存在于身边的,劳模精神是耳濡目染的。劳模精神可以渗透到广大劳动者的工作、学习和生活中,是不可忽视的精神力量。每个劳动者都以劳模为榜样,以劳模精神为引领,积极投身于社会主义现代化建设,对于实现中华民族伟大复兴具有强大的精神引领,中国特色社会主义事业的发展具有强大的精神力量。

三、新时代劳模精神的培育路径

劳动模范作为劳动群众的杰出代表,是普通劳动者个人发展的标杆,是推动企业发展的动力源泉,是促进社会发展的突出贡献者。新时代是决胜全面建成小康社会的关键时期,是实现中华民族伟大复兴的重要阶段。如何培育更多优秀的劳动者,为中国特色社会主义事业的发展贡献力量,是新时代急需回答的时代课题。纵观劳模的成长经历,良好家风的浸润,学校和单位的培育以及劳模评选的社会激励是劳模成功的必备条件。

(一)良好家风的浸润

家庭是人生的第一个课堂,家风是一个家庭的精神内核,良好家风具有潜移默化的浸润作用。"我们要重视家庭文明建设,努力使千千万万个家庭成为国家发展、民族进步、社会和谐的重要基点,成为人们梦想起航的地方。"习近平关于家风的重要论述鲜明地体现出良好家风的重要地位。在良好家风的影响下成长起来的劳动者具有家庭教育中所推崇的优良品质,具有工作中所需要的端正态度,具有遇到困难时的强韧品格。良好的家风造就劳模成长之路的行为习惯,是劳模成功之路的重要精神支撑。而不良家风则会影响一个人、一个家庭乃至社会的不良风气的形成,是个人发展、家庭和谐、社会进步的制约因素。因此,培育优良家风是新时代弘扬劳模精神的内在要求。社会要加强对中华优秀传统家风家训以及老一辈革命家的优良家风的宣传与弘扬。家长要自觉学习良好家风,以自身为榜样,培育新时代优良家风。家庭中的女性更要发挥其独特作用,在良好家风的培育和践行中发挥主力军作用。

(二)学校和单位的培育

学校的文化教育和工作单位的技能培训都是劳动者丰富知识、提高技能的教育活动。学校的教育是学生学习基础文化知识,提高思想道德修养的主渠道。在学校教育中,学生可以接受系统的文化知识,可以接触到各种榜样人物的成功事迹的激励,可以培养正确的世界观、价值观、人生观,从而得到思想的启迪、确定人生的榜样并树立远大的理想。学校教育是部分劳动者在学习榜样、坚定理想的道路上成为劳动模范的前提和基础。因此,学校应发挥教育主渠道的重要作用，扣好学生人生路上的第一粒扣子，为青少年以后的成长发展奠定良好的基础。此外，工作单位的支持和培养同样是普通劳动者成为劳动模范不可缺少的因素。事物是联系的，唯物辩证法启示我们任何事物都处于与其他事物的联系之中。人是社会关系中的人，同样，工作任务的完成也需要他人的团结协作。普通劳动者要在工作中有所创新和突破，离不开领导的支持和同事的帮助。而工作单位的技能培训同样是劳动者在工作中有突出表现的一个重要因素。现代社会日新月异，科学技术的发展使得劳动工具以及劳动手段不断更新，劳动者只有不断地接受新科技，不断地接受工作领域内的新知识，才能有所创新，在平凡的工作岗位上创造不平凡的工作业绩。因此，企业、集团等工作单位应保障劳动者接受教育培训的权利，向劳动者提供工作领域内的技能培训的机会以及创造同事间交流学习的机会，劳动者才能在思想碰撞中迸发出创新创造的火花。

（三）劳模评选的社会激励

劳模评选制度具有个人发展层面的激励与引领功能。作为国家和社会的一分子，劳模自身的行为得到他人的赞赏并具有影响他人的精神力量，在这样的社会环境下，劳模们拥有的是满满的幸福感以及责任感。改革开放四十多年来，中国实现了从富起来到强起来的伟大飞跃。中国特色社会主义各项事业的快速发展，同样少不了各行各业的劳模们背后的共同付出。清洁工们用他们的双手为我们创造干净的环境，工人们用他们的劳动为我们建起一座座建筑，科学家们用他们的智慧为我们发展科学技术。每一个劳动者都是社会发展、国家建设不可缺少的一分子，正是这份主人翁意识和无私奉献的精神，使他们获得了劳动模范的荣誉。尽管获得荣誉和奖励不是他们的目的，但是这些外部的认可是对他们付出劳动的肯定。荣誉的奖励使劳模们看到自身的付出得到他人的理解，自身的价值得到他人的重视。在获得国家和社会的肯定后，劳模们收获了兴奋、幸福之情，同时以更高的热情和更负责的态度回馈社会。因此，国家应不断地完善劳模评选制度，加强对劳模精神的宣传与弘扬，以此激励劳模做好自身表率作用，同时引领广大劳动者不断地为实现中华民族伟大复兴而努力奋斗。

敬业是劳模精神的基础，奉献是劳模精神的重点，创新是劳模精神的核心，奋斗是劳模精神的关键。深刻把握劳模精神的时代内涵是新时代宣传与弘扬劳模精神的前提和基础。劳模精神具有丰富新时代民族精神、展现社会主义核心价值观精髓以及实现中华民族伟大复兴精神引领的重要价值，是新时代宝贵的精神财富。因此，如何宣传劳模精神，如何促使劳动者践行并养成劳模精神，是新时代需要解决的重大时代课题。纵观劳模的成长经历可以发现：良好家风的浸润、学校和单位的培育以及劳模评选制度的社会激励是劳模精神养成的最主要因素，也是社会培育广大普通劳动者的重要途径。但劳模精神在新时代的宣传与弘扬还需要作出更多、更深入的探索，以促使劳模精神在新时代能够真正走入广大劳动者眼中，深入广大劳动者心中，并实现于广大劳动者中。

第二节 传承工匠精神

要实现我国2025中国制造的宏伟目标,重振"工匠精神"的魅力,离不开高校教育的发展。作为高等院校来说,更应该作为"工匠精神"进行传承和培育的主体,发挥出高校在人才培养上的基础性功能。然而,从当前高校人才培养的实际状况来看,普遍存在着重技能、轻素养培养的错误思想,导致学生毕业后进入社会中很难快速地适应岗位的需求,无法全情地投入工作过程,也使学生很难对职业产生一种高度的职业认同感,养成良好的职业理想和职业态度。基于此,对以精益求精、专业、专注的工作态度和职业素养为精髓的工匠精神进行培养具有重要的意义和实践价值。

一、"工匠精神"培育传承效能忽视及其成因分析

(一)"工匠精神"培育传承的思想不深

"工匠精神"是职业态度和职业精神的体现,不仅仅体现在精湛的技艺、专业的技能,更体现在精益求精、专业专注的工作态度和职业素养。高校教育中的"工匠精神",主要指的则是高校教育中的专业精神。然而,从当前"工匠"精神的培育和传承来看,大多数都限制在企业的运行和管理当中,且需要的是一种创新、创造的新型思维模式,而不单单是对专业技术人才的培养,更是对思维和创新创造力的所需,对职业信念的坚守和一丝不苟职业精神的体现上。这就需要高校教育人才培养中重视对学生这些思想、信念和精神素养的培养。但是从当前的高校教育来看,未能在很大程度上给予工匠精神的培育以足够的土壤,未能从思想上重视对学生工匠精神的培育。不论是在教学体系的设置,还是课程的安排等诸多方面都没有很好地体现出工匠精神的传承,更多的还处在对低端人才培养的阶段上,缺少对学生职业态度的足够指导,导致不少学生在进入社会后,不能很好地适应岗位所需,无法全身心地投入工作。

(二)"工匠精神"培育传承的体系不全

高校作为"工匠精神"传承和培育的主阵地,具有不可推卸的责任,然而却不同程度地存在"重理论、轻实践","重学术、轻实用性"的问题,在精神素养传承和培育的实践体系上较为缺乏。而高校教育,作为工匠精神培养和传承的基地,当前还未能成为技能型人才素质提升的真正平台。虽说目前,在中高校衔接上已经构建了顺畅的职教体系,但是在人才培养的目标定位上,在教学体系以及课程的设置和安排上依旧存在着很多问题。但是在高校教育的基础,对应用型本科教育的发展上则相对薄弱,使得高校教育无法从纵向人才培养上得以深化,也导致要培养出高技能、高学历的"匠心"人才存在很大的难度。

二、高校大学生"工匠精神"培育传承的路径选择

（一）营造"工匠精神"培育传承的环境

要培育工匠精神，一定要对工匠价值给予充分尊重，给劳动者的知识和技术以充分的尊重，只有这样才可以给培育和传承工匠精神摇篮的高等院校创造出更加良好的育人环境。

首先，培育工匠精神，要营造良好的社会氛围。想要让工匠精神更好地得到传承和弘扬，让工匠精神和劳动精神等在整个社会发展中成为时代的主旋律，就一定要使过去"学而优则仕"的思想彻底改变，营造出适合高校学生技能掌握以及职业素养提升的良好文化氛围，使其与"工匠精神"的培育和传承相符，进而给"工匠精神"的孕育构建舆论和文化的土壤，让能工巧匠们不但在经济上得到保障，更可以在社会地位以及人格上得到尊重。

其次，努力营造出与工匠精神培养相符的校园工匠文化。精神的传承其本质是要使人在思想和意识上得到转变，只有这样才可以通过意识内化为情感，外化为行为。这在高校校园中，就不能忽视校园文化的熏陶作用，要营造出与"工匠精神"培育相符的校园文化，使其成为工匠精神传承的隐性教育资源，来引领和传播工匠精神。所以，作为高校来说，可以通过工匠精神相关的座谈会、演讲比赛及征文比赛或相应的展览等，给学生营造出良好的氛围，使工匠精神深入人心，从而为学生职业素养和职业精神的养成起到积极的推动作用。

再次，将工匠精神的传承以及职业素质的培养融入到本校的教育教学过程当中，特别是要贯穿在所有专业教学和专业能力培养的所有环节中，使其和专业课程教学密切融合，构建基于专业教学的工匠精神课程内容体系。结合不同专业的特点，在专业教育教学中融入岗位所需的职业素养，让学生通过专业学习切身地感受和体会到职业精神，进而将其内化为一种职业素养，成为自己的职业追求。

（二）激活"工匠精神"培育传承的动力

工匠精神，不仅是一种工作的态度，还应该成为每个人做事的态度，更应该成为一种社会心理，成为全社会人做事的精神支柱。作为社会中的个体，所有人都应该具有"工匠"精神，这是对所从事职业、事业的一种尊重、一种热爱和坚守，只有这样才可以将要做的事情做好做到位。基于此，作为个体来说，应该增强自己的责任意识和职业操守，不论是在工作中的任何一个环节和程序上，都应该严格地对自己进行约束，并树立职业理想和信念，成为匠人的职业理想。而具体到高校学生的"工匠精神"培养来说，作为学生个体，就是要在日常的学习和实践中，严格按照工匠素养约束自己的行为，树立职业理想和职业信念，通过专业学习、文化熏陶、技能实践等提升自身的职业素养和专业技能，激活"工匠精神"养成的个体动力，活出自己精彩的人生。

（三）搭建"工匠精神"培育传承的载体

1.校企产教融合，明确匠人培育传承主体

要实现我国2025中国制造的宏伟目标，重振"工匠精神"的魅力离不开高校教育的发展。这是高校教育具有特殊性所决定的，同时也决定了高校"工匠精神"的培养与传承必须有企业的参与。对工匠精神进行传承，不单单是企业发展的内在需要，要发挥企业的主体作用。同样，作为高校教育的主要形式主体——高等院校来说，更应该作为"工匠精神"进行传承和培育的主体，发挥出高等院校在人才培养上的基础性功能。对大学生"工匠精神"的培养，单单依靠学校的基础性培育是不够的，还需要通过企业文化以及企业精神的熏陶和锤炼，通过长期的工作积累锻造出来，因此应该充分利用工学结合和校企合作等人才培养模式，明确工匠精神培养的双重主体，让学生在真实的环境下强化知识运用，训练技术技能，进而在其中体验、养成和实践工匠精神，使学生可以在其中把"工匠精神"外化于行，内化于心，实现知行合一。

2.通过校企文化融合，孕育匠人传承和培育的土壤

在高等院校人才培养中，校企合作、产教融合是主要途径，也是高校教育得以持续发展和提升的必然选择。而文化的融合则是校企合作、产教融合的深化，是校企合作新的发展取向。强化校园文化与企业文化相融合，营造基于职业特色的校园文化，不但是高等院校自身发展的内在需求，更是促进高等院校学生成长成才的必然需求，是对匠人精神进行培育的必然选择。

（四）提高"工匠精神"培育传承的效能

"匠人匠心"在我国源远流长的文化历史长河中是其中一块不可缺少的文化瑰宝，即使在当前我国的民族振兴、产业转型升级当中，这种匠心精神依然是不竭的精神动力和助推力，更是为我国发展培养、塑造高技能高素质技术人才的基石。作为对技术人才进行培养和塑造的主要场所和摇篮，高校在匠心传承、工匠精神培养中必须不断地探索出独特的路径和方法，使精益求精、创新进取和爱岗敬业的工匠精神得以传承和发展，进而为现代社会发展和时代进步培养出更多的技术人才，从而实现我国制造强国、创造大国的目标。

1.做好专业教育，强化工匠精神的实践磨炼

高校的特点决定其具有较强的专业与职业特征，因此要培养学生的工匠精神，必然做好专业教育，强化实践磨炼。基于此，作为高校来说，应该做好对专业课教学的改革，在课程设置、教学体系的构建中融入工匠精神，同时在顶岗实习以及实践实训教学等所有实践教学环节中，更要重视对学生的实践磨炼，使学生通过专业学习，在认知上不断强化，进而养成专业、专注的职业习惯。

2.做好精神培育，强化工匠精神的文化熏陶

文化最为主要的功能就是要对人实施"教化"。要做好工匠精神的培育，作为高校来说，

就应该强化工匠精神的文化熏陶，从精神上做好对学生的培育，让学生在文化的熏陶下潜移默化地受到影响。作为文化育人重要方式的校园文化，在高校工匠精神培养中则是较为有效的文化平台。基于此，要对学生进行工匠精神的培育，可以将与企业岗位相适应的精神文化融入到高校校园文化建设中，通过物质文化、精神文化、行为文化及制度文化等诸多方面的建设，让学生从中树立正确的职业价值观。

3. 通过思政教育深化工匠精神的培养

高校思政教育是帮助学生明确人生发展理想，树立正确价值观的主阵地，对学生的工匠精神进行培养，使其可以明确工匠精神养成的意识，将其融入到思政教育中是一条重要的途径和平台。这不但是对社会主义核心价值观进行传承与践行的重要方面，更是对思政教育进行强化与改进的时代诉求。所以，作为高校来说，应该在做好专业教育、强化校园文化熏陶的同时，将工匠精神融入到思政教育中，通过思政教育所具有的多元化效应，真正深化学生工匠意识的养成。

高等院校作为我国技术人才培养的主场所，要提升人才培养的质量，为社会输送更具创造性的复合型技术技能人才，就一定要把工匠精神的培养作为其人才培养的基础，对工匠精神培养和传承的路径和方法进行不断的探索。

第四章 大学生的劳动素养教育

高等学校培养的人才必须是具备良好劳动素养的高素质劳动者。大学生的劳动素养左右着他们对未来职业、岗位和人生道路的选择,影响他们人生价值的实现,进而在一定程度上影响国家和社会的未来。习近平总书记非常重视青少年的劳动素养教育,强调"要努力构建德智体美劳全面培养的教育体系"。当前,劳动素养教育在我国高校人才培养体系中是一个不容忽视的短板,大学生的劳动素养与社会对高素质劳动者的需求存在着较大的差距。这既有高等学校劳动教育不足的原因,也有社会、家庭和大学生自身的原因。高校、社会、家庭和学生个体必须高度重视和加强大学生劳动素养教育,积极探索加强和改进大学生劳动素养教育的方法和措施,为国家培养千千万万具备良好劳动素养的优秀人才。

第一节 大学生的劳动素养教育问题与现状

习近平总书记非常重视面向广大青少年的劳动教育,他在2018年全国教育大会上充分强调劳动教育对培养中国特色社会主义建设者和接班人的极端重要性,指出"要努力构建德智体美劳全面培养的教育体系,形成更高水平的人才培养体系"[①]。我国教育发展的实践也使我们充分认识到劳动教育与德育、智育、体育、美育一样,对人才培养是不可或缺的。然而,深入观察当前我国的高等教育就会发现,劳动教育是薄弱环节。大学生的劳动素养与"社会主义建设者和接班人"的培养目标要求还存在一定差距,我们必须加强对大学生的劳动素养教育,把他们培养成高素质劳动者。

一、大学生劳动教育的理论依据

第一,劳动创造了人。为了使自然界的事物能够服务或应用于自身生活,人类必须在意识的指导下使自己的身体运动起来并作用于自然,使自然发生有利于人类自身的变化,这种活动就是劳动。劳动在改变自然的同时也在改变着人类自身和人类的社会生活,在劳动过程中,人类的身体构造、形态、机能等生理特点逐渐发生改变,性格、智力、意识等心理和精神特点随之形成和发展,社会关系也相应建立、发展。因此,劳动是整个人类生

---

① 习近平出席全国教育大会并发表重要讲话[EB/OL].(2018-9-10)[2018-11-2].http://www.gov.cn/xinwen/2018-09/10/content_5320835.htm.

活的第一个基本条件,劳动创造了人本身①。

第二,劳动是人类社会存在和发展的基础。马克思曾指出,人们必须能够生活,才能创造历史。但是为了能够生活,就需要吃喝住穿和其他东西。因此,人类第一个历史活动就是生产满足这些需要的资料,即生产物质生活本身,这是一切历史的基本条件②。人类历史发展的一切都离不开人的劳动过程。

第三,教育与生产劳动相结合才能造就全面发展的人。马克思通过对劳动历史的研究发现,不合理的社会分工导致了人的片面发展。这是因为,在社会分工日益精细化的生产条件下,劳动者长期从事单调、枯燥的劳动操作,使其某种劳动能力得到强化,而更多劳动能力则没有机会得到训练。最终结果是劳动者的劳动能力丧失了整体性,进而使劳动者的发展丧失了全面性。尤其是体力劳动和脑力劳动分离,就更加严重限制和破坏了人的全面发展。马克思在《资本论》中提出,"生产劳动同智育和体育相结合","是造就全面发展的人的唯一方法"③。毛泽东、邓小平、习近平等都坚持和发展了马克思的思想。毛泽东同志曾经指出:"教育必须为无产阶级政治服务,必须同生产劳动相结合。"④邓小平同志也曾指出,为了培养社会主义建设的合格的人才,必须认真研究如何更好贯彻教育与生产劳动相结合的方针⑤。习近平同志强调:"要教育孩子们从小热爱劳动、热爱创造,通过劳动和创造播种希望、收获果实,也通过劳动和创造磨炼意志、提高自己。"⑥教育与生产劳动相结合的具体内涵是:一方面,受教育者所受的教育要与生产劳动相结合,让受教育者在接受教育的同时参与生产实践,成为高素质的劳动者;另一方面,劳动者的生产劳动要与教育相结合,参与社会化大生产的劳动者应接受完善的教育,以提高劳动者的综合素质。

二、当前大学生劳动素养存在的主要问题

经过多年的观察思考,笔者认为,可以把大学生劳动素养存在的问题归纳为以下几个方面:

(一)没有养成良好的劳动习惯

有些大学生不能很好地安排自己的生活,他们宁肯把大量的时间花在吃喝玩乐上,也不愿意花时间打扫卫生。有的学生没有养成定期洗衣服、被褥的良好习惯,有的甚至根本不会洗。有的学生长时间不打扫寝室卫生,室内脏乱不堪、气味难闻。随着学校后勤部门的服务日益完善和网购、网络订餐等社会服务业日益发达,洗衣、打开水、买饭、购物等需要付出一定劳动的事情,一些学生几乎全部花钱解决。个别学生缺乏良好的劳动习惯,

---

① 马克思,恩格斯.马克思恩格斯选集:第3卷[M].北京:人民出版社,2012:988.
② 马克思,恩格斯.马克思恩格斯选集:第1卷[M].北京:人民出版社,2012:158.
③ 马克思,恩格斯.马克思恩格斯文集:第5卷[M].北京:人民出版社,2009:556-557.
④ 毛泽东论教育:第3版[M].北京:人民教育出版社,2008:291.
⑤ 邓小平论教育[M].北京:人民教育出版社,2004:69.
⑥ 习近平.在庆祝"五一"国际劳动节暨表彰全国劳动模范和先进工作者大会上的讲话[N].人民日报,2015-4-29(2).

不仅表现在与生活相关的事情上，还表现在其他方面，比如，有的学生平时学习不用功、不做作业、不做实验、抄袭作业，靠考前突击以应付考试，甚至考试作弊。

（二）缺乏艰苦奋斗精神

有些大学生片面地认为劳动只是谋生手段，为了生活不得不受苦受累，厌恶劳动、逃避劳动，甚至想要不劳而获、投机取巧"挣快钱"。有些大学生就业时不愿到条件艰苦的地方去，也不愿进入艰苦的工作岗位，个别大学生甚至成为"啃老族"的一员。

（三）轻视体力劳动

好不容易进入大学，无论家庭还是学校都希望大学生把主要精力用在专业学习、考研、留学准备、考级、考证等脑力劳动上，对于处于学习黄金期的大学生来说这也合乎情理。但是，实践训练不足和体力劳动过少也使大学生形成了错误认识，有些学生认为脑力劳动和体力劳动完全不相干，轻视甚至鄙视体力劳动，不珍惜食堂师傅、环卫工人以及父母的劳动成果。

（四）劳动态度不够端正

大多数学生认同劳动创造价值的观点，这使他们愿意通过勤奋努力来实现自己的人生追求。同时，也有部分学生形成了"一分付出一分收获"的线性思维。基于这样的思维，他们不但反对"不劳而获"，而且反对"劳而无获"，希望自己的劳动付出都能够有相应的经济报酬且即时兑现，看不到除了报酬之外，劳动还具有使自己获得精神上的体验、认识上的提高、技能上的训练、身体上的锻炼等益处，不愿意参加志愿服务、公益活动和义务劳动。持这种劳动态度的学生，一旦发现自己的付出得不到回报，或者得不到预期的回报，就会逃避劳动、拒绝劳动。

（五）缺乏劳动技能

由于校内外实践资源相对短缺和实践环节落实不到位，不少大学生很少参加劳动，缺乏实践锻炼，这使他们把劳动看得过于简单，眼高手低，大事做不来，小事不愿做。当前国家倡导"大众创业、万众创新"，有些学生仅凭一股热情就去创业，不仅创业失败，自信心还遭受打击。由于平时努力不够，也缺乏必要的培训，他们的知识、技能、经验、心态等都不足以支撑其创业的热情。

三、大学生劳动素养存在问题的原因

大学生劳动素养存在的问题，既有高等学校劳动教育不足的原因，也有社会、家庭和大学生自身的原因。

（一）高校的原因

在大学中，学生很少从事体力劳动，打扫卫生、植树种草几乎全部由保洁公司或物业公司承揽，许多学生在读大学的过程中甚至没有参加过一次学校组织的打扫卫生、种树、花园除草等体力劳动。由于客观条件不足、经费短缺等原因，教学计划中的实验、实习等往往落实得不好，有些实习，学生只能走马观花式地参观一下，根本没有机会顶岗劳动。寒暑假期间，许多学生也都是在休闲中度过，没有利用这个时间打工、实习以锻炼自己。对学校布置的暑期社会实践任务，许多学生敷衍应付。由于上述原因，不少学生直到大学毕业也没有做好参与社会劳动的思想、心理和技能准备。

（二）社会的原因

传统观念的影响。几千年来"劳心者治人，劳力者治于人"和"万般皆下品，唯有读书高"的思想根深蒂固，直到今天，许多社会成员依然认为脑力劳动者比体力劳动者地位尊贵。过去国家没有发展起来的时候，高等教育资源短缺，考大学如同"千军万马过独木桥"，大学生被看做"天之骄子"。尽管目前高等教育入学率已接近50%，一些社会成员仍习惯性地认为大学生不应该是普通劳动者。许多大学生也认为体力劳动与自己的身份不相符，他们渴望过上梦想中的好生活，却不愿意付出艰苦劳动。

（三）家庭的原因

现在的在校大学生，多数是独生子女，从小生活条件就比较好，几乎没有人有缺吃少穿的体验。就算是经济并不宽裕的家庭，也会尽最大努力为孩子提供良好的学习和生活条件。有的家长溺爱、娇惯孩子，生怕孩子吃苦受累，自己就是再忙再累，也不愿意让孩子为自己分担劳动。有的家长望子成龙心切，为了让孩子尽可能多地把时间和精力用在学习上，以便考上更好的学校，凡是自己能代劳的绝不让孩子动手，孩子在家里很少有机会从事劳动，自然很少获得劳动体验和劳动技能的训练。这就使一些学生上了大学却还不具备基本的生活技能。更为严重的是，少数学生还形成了自私自利、好逸恶劳的思想和散漫、懒惰的不良习惯。

（四）大学生自身的原因

绝大多数大学生是成年人，经过了十多年的系统教育，本应具备比较成熟的心智和良好的思想素质，能够认识到自己将要承担的社会责任，认识到自身安身立命必须具有怎样的劳动素养，并自觉反省自身劳动素养等与承担社会责任的需要之间存在的差距。但是，从以往的经验看，部分大学生心智还不够成熟，缺乏主动提高自身劳动素养的紧迫感和自觉性，缺乏自我反省、主动探索、自我激励、自我锻炼的主动性和积极性。这些都是大学生劳动素养不足的内因。

四、加强大学生劳动素养教育的措施

当代大学生的劳动素养如何，会左右他们对未来职业、岗位和人生道路的选择，影响他们人生价值的实现，进而在一定程度上影响国家和社会的未来。因此，学校、社会、家庭和学生个体都必须高度重视和加强大学生劳动素养教育。

第一，高校要全面贯彻党的教育方针，把劳动素养教育纳入人才培养方案，贯穿人才培养全过程，有组织、有计划、系统性地进行大学生劳动素养教育。一是政治理论课要强化马克思主义劳动观教育，引导大学生树立热爱劳动、崇尚劳动的观念；二是要将劳动实践成绩纳入先进评选、奖学金评定、干部选拔、推荐免试研究生的必备条件，以体现对学生劳动素养的重视；三是要强化实践教学，特别是在实习中，要创造条件让学生能够动手操作，体验真实的生产劳动；四是把公益劳动、志愿服务、社会实践等作为大学生的必修学分，要求学生在读期间从事一定时间的义务劳动；五是要创造条件，鼓励和引导学生利用寒、暑假时间进入企事业单位打工、实习，进入农村、城市社区等开展公益服务活动，主动锻炼自己；六是要适当增加课程作业、毕业设计（论文）的难度和工作量，使学生必须投入较多的时间和精力才能完成，在专业学习中得到劳动锻炼；七是要加强相关社团建设，发挥学生社团在劳动实践中的团队建设、宣传教育、对外联系等作用。

第二，社会要积极营造尊重劳动的思想文化氛围。一是要完善法律和制度，保障劳动者的合法权益。广大的普通劳动者有尊严感和自豪感，才能吸引千千万万大学生自觉加入劳动者的队伍。二是要坚持正确舆论导向，营造劳动光荣的思想文化环境。大力宣传普通劳动者通过诚实劳动实现梦想的故事，大力宣传科技工作者潜心钻研、厚积薄发、献身科学的故事，大力宣传技术工人潜心钻研技术、在平凡岗位上干出不平凡业绩的故事，等等。积极弘扬主旋律，传递正能量，营造劳动光荣、创新伟大的思想文化氛围。只有这样，才能激励和引导大学生热爱劳动、崇尚劳动，积极提高劳动素养。

第三，家庭要培育勤劳家风、培养孩子热爱劳动的习惯。长辈要爱岗敬业，热爱劳动，做单位的优秀员工，业余时间多从事读书学习、旅行健身、文化艺术等有利于身心健康的活动，安排一定的时间从事志愿服务活动，为孩子做出勤劳的榜样。要克服溺爱和过度保护的倾向，在孩子的成长过程中，安排与其年龄特点和身心发展水平相适应的劳动任务，使其劳动观念和劳动技能随着年龄的增长而提高。特别是寒暑假期间，要督促孩子花一定时间打工、实习和参加社会实践。

第四，大学生要加强自我劳动教育。社会、学校、家庭面向大学生的劳动教育要达到目的，离不开大学生自身的主观努力。一方面，大学生要加强马克思主义劳动理论的学习，深刻理解和领会马克思主义关于劳动创造人、劳动促进人的全面发展等观点，努力提高参加劳动实践、接受劳动锻炼的自觉性和主动性。另一方面，大学生要在自己的生活实践中体会劳动素养提升与自身健康成长和全面发展的内在联系，积极参加学校组织的劳动教育和劳动锻炼，并积极寻找社会实践、公益劳动、勤工助学、校外实习、假期打工等劳动机会，在劳动过程中训练劳动技能，形成热爱劳动的良好品德，锻炼吃苦耐劳的意志品质，全面提高劳动素养。

随着经济的快速发展和时代的全面进步，社会对高校提高人才培养质量的要求越来越强烈，良好的劳动素养是高素质人才必备的素质。当代大学生在劳动观念、劳动态度、劳动习惯和劳动技能等方面与社会的需要还存在较大差距。其原因是多方面的，这其中既有高校的原因，也有社会、家庭和大学生自身的原因。要培养接受过高等教育的高素质劳动者，就必须始终坚持教育与生产劳动相结合，高校、社会、家庭和大学生自身要共同努力，加强大学生劳动素养教育。高校要加强教育教学改革，把劳动素养教育纳入人才培养方案，加强劳动教育和实践环节培养；社会要积极支持学校加强面向大学生的劳动教育，一方面营造崇尚劳动、尊重劳动者的思想文化氛围，另一方面要对高校劳动教育提供外部环境和条件支持。家庭要重视勤劳家风的培育，培养孩子热爱劳动的思想意识和良好习惯。大学生要在努力获取知识的同时，积极参加劳动实践，在实践中获得劳动体验、提升劳动素养。

第二节 大学生劳动素养评价指标体系构建

构建科学合理的大学生劳动素养评价指标体系是高校劳动教育评价的关键。大学生的劳动素养可以从劳动价值观、劳动精神、劳动知识与技能以及劳动习惯四个维度来进行评价，在具体实施过程中，应该坚持评价主体多元化、定量评价与定性评价相结合、过程性评价与结果性评价并重、强化评价结果应用的原则，充分发挥大学生劳动素养评价的导向、反馈和激励作用。习近平总书记在2018年全国教育大会上指出："要在学生中弘扬劳动精神，教育引导学生崇尚劳动、尊重劳动，懂得劳动最光荣、劳动最崇高、劳动最伟大、劳动最美丽的道理，长大后能够辛勤劳动、诚实劳动、创造性劳动。"[1] 当前，劳动教育在我国高校中的实现形式较为单一，学生的劳动素养提升效果并不明显。要想更好地发挥劳动教育在培养时代新人中的作用，就必须利用好教育评价这一"指挥棒"。

一、构建大学生劳动素养评价指标的必要性

（一）符合当前教育评价改革的时代要求

提升大学生劳动素养是高校劳动教育的最终目标，为了确保这一目标的顺利实现，必须加快实施大学生劳动素养评价。建立健全大学生劳动素养评价制度是完善大学生综合素质评价的必然要求，也是高校实现劳动教育育人功能的重要保障。

2020年《中共中央国务院关于全面加强新时代大中小学生劳动教育的意见》明确指出："将劳动素养纳入学生综合素质评价体系，制定评价标准，建立激励机制"，以及"把劳动素养评价结果作为衡量学生全面发展情况的重要内容"。在此之后，教育部又发布了《深化新时代教育评价改革总体方案》，再次强调了劳动教育评价。由此可见，国家已经从宏观层面对大学生劳动素养评价进行了规定。

---

[1] 习近平出席全国教育大会并发表重要讲话[EB/OL].(2018-9-10)[2018-11-2].http://www.gov.cn/xinwen/2018-09/10/content_5320835.htm.

（二）有助于学生转变劳动观念，促进自身全面发展

劳动素养是大学生综合素质中不可或缺的一部分，高校劳动教育的目的在于培养学生的劳动素养，进而促进学生德智体美劳全面发展，将大学生劳动素养评价纳入大学生综合素质评价体系，有助于大学生树立正确的劳动价值观，以劳育促进身心和谐发展。

我国普通高校大学生的年龄一般在18至22岁之间，这一阶段的学生在生理和心理方面都已接近成人水平，进入了一个稳定发展期。因此，大学阶段也成为了大学生世界观、人生观、价值观形成的关键时期，此时对大学生的劳动素养进行评价，可以为他们提供及时的反馈，进而扬长避短，转变劳动观念，不断完善自己。除此之外，大学阶段也是大学生从校园步入社会的过渡期，在这一阶段，对其进行劳动教育，提升他们的劳动素养，将会对其今后的就业与职业发展产生重要影响。

二、大学生劳动素养评价指标的构建

在国家相关政策要求和已有研究的基础上，本文为大学生劳动素养评价指标设定了4个一级指标、9个二级指标以及若干个具体观测点。

表4-1 大学生劳动素养评价指标

一级指标	二级指标	具体观测点
劳动价值观	劳动价值取向	1. 持有"劳动最光荣、劳动最崇高、劳动最伟大、劳动最美丽"的劳动观点； 2. 不存在歧视体力劳动的倾向，能够认识到体力劳动与脑力劳动同等重要，劳动不分贵贱；
	劳动情感	1. 热爱劳动，能够积极主动地参与各种形式的劳动实践； 2. 尊重劳动，能够体会到劳动者的不易，尊重他人劳动成果；
	劳动态度	1. 积极参与社会实践与团体合作，具有踏实肯干、认真负责的态度； 2. 能够欣赏劳动，具有强烈的劳动自豪感、劳动获得感；
劳动精神	劳模精神	1. 具有爱岗敬业、艰苦奋斗、甘于奉献的信念； 2. 具有敢为人先、争创一流、勇于创新的拼搏精神；
	工匠精神	1. 具有精益求精、追求卓越的崇高追求； 2. 具有一丝不苟、执着谨慎的劳动信念；

续 表

一级指标	二级指标	具体观测点
劳动知识与技能	劳动知识	1. 能够认真学习有关劳动的理论知识； 2. 主动了解生产新业态、劳动形态发展的动向，及时更新劳动知识与观念； 3. 了解劳动相关的法律法规，培养劳动法律意识，合法劳动，依法维权； 4. 主动学习安全防范条例，培养劳动安全意识； 5. 主动参与各类实习实训，丰富劳动实践知识；
	劳动技能	1. 具有发现问题，并能创造性解决问题的能力； 2. 能把本专业的知识灵活应用于各类劳动之中； 3. 积极参与劳动成果展示或竞赛，交流切磋； 4. 主动参与各类创新创业大赛，展示自身风采；
劳动习惯	劳动认知	1. 能够掌握劳动的本质以及深刻内涵； 2. 具有自觉主动劳动的意识；
	劳动行为	1. 自觉参与日常生活劳动，例如，整理内务等； 2. 积极参与专业相关的实习实训，提升专业认同感，学会应用专业知识进行创造性劳动； 3. 主动参与服务性劳动，投身公益活动，加入志愿服务行列。

三、大学生劳动素养评价指标的实施原则

（一）坚持评价主体多元化

高校开展劳动教育采用多方协同育人的方式，因此，在开展大学生劳动素养评价的过程中，应充分考虑多方主体，摒弃以往评价主体单一化的弊病。一是要加强自评与同学互评，让大学生自己参与到评价过程中，可以增强学生的主体性和参与感。其次，应该重视同学之间的互评，加强同学之间的互评，可以让评价结果更为真实；二是综合考虑学校、实习实训单位的评价，高校是劳动教育的组织者，实习实训单位是高校劳动教育的承担者，两者可以对学生的具体表现进行考核，通过学生外显的劳动行为，进行相应的价值判断；三是重视第三方机构的评价，建立第三方评价机制，发挥第三方评价机构的监督和补充作用，让评价结果更加全面。

（二）坚持过程性评价与结果性评价并重

大学生劳动素养的形成并非一蹴而就，需要一个漫长的过程，这要求我们在进行评价时要用动态的、发展的眼光去看待大学生。过程性评价侧重于在劳动过程中给学生反馈，建立大学生劳动成长档案，真实记录每位学生的劳动参与情况和劳动任务完成情况，可以让学生在完成劳动任务的过程中根据劳动档案发现自己存在的问题，及时改正；结果性评价侧重于在某一劳动阶段结束后，对学生在这一阶段的表现进行总的评价，给出一个最终结果。结果性评价作为阶段性的评价，可以让学生了解自己在这一阶段结束后劳动素养的

养成状况,给学生及时的反馈,让其根据结果调整状态。

高校劳动教育是实现立德树人目标的有效途径,劳动教育具有综合育人的功能。厘清大学生劳动素养的时代内涵,构建大学生劳动素养评价指标体系是高校开展劳动素养评价的关键。建立健全大学生劳动素养评价制度,完善大学生劳动素养评价指标体系,是一个需要我们不断研究的课题。本文中的评价指标体系只是一个初步探索,在具体应用过程中,可以根据实际情况进行动态调整。只有增强劳动素养评价指标与时代发展、社会需求以及学生生活实际的联系,才能构建出更为科学全面的指标体系。

第三节 "三全育人"与大学生劳动素养培育体系建构

三全育人是一种新的教育理念,包括全员育人、全程育人和全方位育人。这一理念的广泛落实,推进了素质教育的落实进程,改善了传统教育中的一系列问题,也对高等教育提出了更高的要求,高校要注重培养大学生的劳动素养,使其树立正确的劳动观念,提升学生的专业实践能力,以满足未来发展的需求,并根据劳动教育的要求,完善劳动素养培育体系的构建,积极落实三全育人,以此提高教学质量。

一、三全育人的概述

三全育人指的是全员育人、全程育人和全方位育人。在全国教育大会上,习近平总书记指出,培养德智体美劳全面发展的社会主义建设者和接班人,加快推进教育现代化、建设教育强国、办好人民满意的教育。三全育人很好地诠释了这一讲话精神,成为素质教育改革的重要指导。其中,全员育人指的是由学校、家庭、社会、学生组成的四位一体的协同育人机制;全程育人指的是注重将教育渗透到学生发展的各个阶段中;全方位育人指的是利用各种教育载体构建课程思政,实现全面教学。

二、大学生的劳动素养培育的意义

(一)有利于促进大学生的全面发展

大学生的劳动素养贯穿于德智体美等各类素质中,通过实现德智体美劳的全面发展,满足人才培养要求,促进大学生素养提升。在劳动素养培育的过程中,加强学生在各个方面的锻炼,引导学生参加实践活动,能提高学生的身体素质,培养学生团队合作的观念。课程思政渗透到劳动教育中,可以培养学生的道德素养,使学生树立正确的思想观念。此外,培养学生的劳动素养还有助于提升学生的劳动技能,使其掌握实际的劳动能力,实现劳动素养的培育目标,促进学生的可持续发展。

（二）实现高校立德树人的根本任务

立德树人是教育的根本任务，是各阶段教学开展的基础，在高校教学中，开展劳动素养的培育工作，加强劳动教育，能弥补传统教育的弊端，不断优化劳动教育，能落实三全育人的现实要求，实现立德树人的教育目标。高校结合三全育人的理念开展劳动教育，创新劳动教育内容和模式，能够从多个角度入手培养学生，帮助学生树立正确的世界观、人生观和价值观，从而推进素质教育在高校的有效落实，实现立德树人的根本任务。

三、三全育人视域下大学生劳动素养培育体系的构建路径

（一）建立联合机制，实现全员育人

三全育人背景下，对大学生的劳动素养培育提出了更高要求。高校需要充分分析三全育人的提出背景和实践意义，结合大学生的实际情况，构建完善的劳动素养培育体系。高校可以建立一个联合机制，充分发挥教育主体的作用，并加强各教育主体的联系沟通，实现全员育人。在这一联合机制中，教育主体以相关教育主管部门、学校、家庭、社会为主，这些教育主体需要明确劳动素养培育的目标导向，制订合理的教学计划，通过各教育主体之间的相互配合，确保教育计划的有效落实。相关教育主管部门需要从多个角度入手开展研讨工作，做好劳动教育的顶层设计。学校应在此基础上，围绕立德树人的根本任务开设各项课程，注重开展理论和实践相结合的培训工作，促进学生的全面发展。家庭则需要加强与学校的沟通联系，在教师的指导下，落实劳动素养培养方案，加大家庭在整个培育中的比例，确保达到良好的教育效果。而社会则需要积极弘扬劳动价值观，形成良好的社会风气，为学生提供健康的环境。通过各教育主体的相互配合，能完善劳动素养培育机制，弥补传统教育中的不足，确保达到良好的教育效果。例如在劳动教育课程中，教师需要培养学生的责任感和独立意识，使其逐步摆脱对家庭、同学、朋友、教师等的依赖。因此教师需要与家长沟通，共同制订相应计划，引导学生参与有针对性的实践活动。

（二）完善管理体制，实现全程育人

高校需要提高对劳动素质培育的重视程度，根据劳动教育的要求，完善各项规章制度，健全管理体制，为劳动素养培育体系的构建和实施提供一定的保障，也有利于推进全程育人。

首先，学校需要成立劳动素质培育专项小组，小组由学校管理人员、教师和学生组成，教师需要确定每次活动的主题，制订详细的活动细则，确定理论与实践的课程比例。其次，根据劳动素质教育的目标，完善管理的规章制度。此措施能规范教师的行为，确保劳动教育活动的顺利推进。最后，为了确保全过程育人工作的顺利开展，可以通过联动机制，加强学校、社会、家庭之间的沟通联系，实现教育的深度融合，确保学生在各个阶段都能得

到有效培养。例如学校可成立暑期实践小组，通过下乡支教的形式，培养学生的劳动素质。在此过程中，学校应制定活动的规章制度，要求学生参与到支教的全过程中。教师负责引导和管理，观察学生在活动中的具体表现，开展全面评价工作。在管理制度的规范下，能确保活动的正常开展，确保学生在支教活动中有所收获，能使学生充分发挥自身能力，完成老师制定的各项任务。

（三）完善课程体系，形成全方位育人合力

高校应完善课程体系，形成全方位的育人合力，在此过程中应注重理论课程与实践课程的比例。高校教师可根据以往的教育经验，从益智、益体、益美三个维度入手，设置各种课程，探索教育教学模式，促进学生的全面发展。在以往的劳动教育中，高校较为注重实践课程，忽略了理论指导和实践总结，因此，在课程体系的设计中，可适当加入课程思政元素，通过思政元素和专业课程的结合，培养学生的道德观念。教师也应为学生进行相应的理论指导，引导学生树立正确的劳动观。而在实践课程中，教师需要注重对全过程的考察，做好对学生的全面评价工作，带领学生总结经验，提高学生的劳动技能水平。

（四）制订各项保障措施，推进体系建设

结合劳动素质培育的各项要求，高校还应制订相关的保障机制，为劳动教育培育体系的构建提供各方力量支持，完成立德树人的根本任务。

综上所述，在三全育人背景下，高校应更加注重多方教育主体的协同配合，同时应考虑学生成长的各个阶段。在高校的劳动素养培育过程中，可以渗透三全育人理念。可加强学校、社会、家庭之间的沟通交流，构建联合机制，开展全员育人工作；根据教育特点将教育内容渗透到各个阶段，推进全程育人；完善课程体系建设，注重理论与实践的结合，形成全方位育人。上述措施能有效加强劳动教育，帮助学生树立正确的劳动认知，培养学生的劳动素养，为社会培育更多德智体美劳全面发展的人才。

第五章 礼仪与自身素质修养

第一节 礼仪与思想道德修养

一、礼仪修养的内涵与价值

（一）礼仪修养的内涵

礼仪，顾名思义，简单来说就是礼节和仪式。它具有规范性、限定性、可操作性、传承性、变动性与差异性。修养是指一个人在理论、知识、艺术、思想等方面的一定水平，另外还指养成的正确的待人处世的态度。"礼仪修养"一词，便是礼仪与修养的结合，是指人们为了达到某种社交目的，按照一定的礼仪规范要求，结合自己的实际情况，在礼貌品质、意识等方面所进行的自我完善和自我改造。

（二）礼仪修养的价值

现代社会是知识经济时代，是信息社会，是信息时代，世界变成了"地球村"。国家与国家、民族与民族、团体与团体、个人与个人之间的接触和往来越来越频繁。

礼仪主要指的就是人际交往中个体之间的行为规范，是人们在生产生活中慢慢形成的，主要以习俗、传统及情感和习惯等相关形式体现出来的。良好的礼仪不仅能够体现民族的气质及个人的修养，还能够展示出国家的魅力。当代大学生是国家发展及构建社会主义和谐社会的中坚力量，所以提高当代大学生的礼仪修养，以此来有效地提高当代大学生的综合素质有着重要的意义。

二、加强中国当代大学生的礼仪修养的重要意义

（一）我国优秀传统文化传承的需要

我国自古以来就十分推崇礼仪，认为礼仪是安邦治国之本，可见我国对礼仪的重视程度。荀子说过人无礼则不生，事无礼则不成，而国无礼则不宁。由此可见，礼仪一直以来都是我国社会生活中不可分割的一部分，并且是古代人经世治民、安身立命的准则。我国在世界上素有礼仪之邦的美誉，而这正是我国礼仪文明一直传承的结果。所以加强当代大

学生的礼仪修养正是将我国优秀的礼仪文明继承下来，这是我国优秀的传统文化弘扬及传承的需要。

（二）构建社会主义精神文明和谐社会的需要

社会主义精神文明建设最为基本的一个内容就是礼仪修养，而这正是我国当前大学生思想政治教育的重点所在。中共中央对此极为重视，还颁布了相关政策支持精神文明建设，明确提出了明礼诚信这一要求。大学生是推动我国社会发展的重要力量，因此，加强当代大学生礼仪修养方面的教育，对构建和谐社会有着极为积极的作用且意义重大。

（三）大学生综合素质提升的需要

衡量一个人的文明程度的标准通常就是礼仪，礼仪不仅能够反映出一个人的道德情操、气质和风度及精神风貌，还在很大程度上体现了一个人的应变能力及交际技巧。当代大学生要更好地融入社会，礼仪修养是必修的一门课程。每一个人都生存在社会关系中且随着社会长期不断地发展，逐渐形成了一套礼仪规范。能够很好地遵循这套规范的人则能更好地融入社会，不能遵循这套规范的人则必然会被社会排斥。大学生正是迫切需要得到社会认同的群体，只有认真学习并且具备得体的礼仪，同时还能正确地处理人际交往过程中遇到问题的大学生才能更快、更好地适应及融入社会。除此之外，加强礼仪修养方面的培养是大学生全面发展的必然条件。随着社会的不断发展及时代的变迁，社会对人才的要求不断提高，不仅仅追求在校成绩优秀及工作出众，还追求全面发展。而大学生要全面发展并且提升自己的综合素质，必须重视礼仪的学习及应用，让自己成为一个全面发展且德才兼备的人，进而更好地融入社会，为国家的发展贡献一份力量。

三、提升我国当代大学生礼仪修养的重要途径

（一）多加借鉴传统文化及国外优秀的礼仪文化，从中汲取有益的礼仪经验

中国传统文化中涉及海量的礼仪经验，提高当代大学生的礼仪修养可以充分借鉴传统文化。孔子要求自己的弟子学六艺，"礼"排在首位，由此可见"礼"自古以来就十分重要，还是古人进行教育的出发点。古人的礼仪教育从孩童时候就已经开始了，例如《童蒙训》《三字经》及《千字文》等广为流传的读物，这些书中关于为人处世及修身养德方面的内容所占比例较大。中国传统文化中的礼仪资源可以说是取之不尽、用之不竭的，同时可以作为我国大学生礼仪修养培养的重要参考。

除此之外，在当今社会全球化的大时代背景下，还应该借鉴国外一些优秀的文化礼仪方面的经验，不仅能够促进我国大学生的国际交往，还能够有效地提升我国当代大学生的礼仪修养。

（二）家庭、学校及社会共同创建一个良好的礼仪环境

父母是孩子最好的老师，所以家庭环境对学生的影响不容忽视。儿童的礼仪规范及社

会生活的基本知识等都是从父母身上学起的。家长应该以身作则，认真地教育好孩子懂礼貌、讲礼节等良好的礼仪习惯。一个有礼仪修养的家庭培养出来的孩子必定是有礼仪修养的孩子。除此之外，学校是学生礼仪修养培养的重要场所。一所校风优良的学校对学生个人素质培养及今后职业发展都有着极其重要的影响。同时社会应该形成一种良好的礼仪修养氛围，制定礼仪规范的相关制度。当一个人处于社会中，周边人都非常讲究文明礼貌，那自己肯定不会做乱扔垃圾等一些不道德的行为。只有家庭、学校和社会三者共同努力创建一个良好的礼仪修养环境，才能更好地培养当代大学生的礼仪修养。

（三）注重大学教师的礼仪修养培养，将礼仪教育融入课堂

在课堂教育中，教师处于主导地位，所以注重对高校教师的礼仪修养培养是进行礼仪修养教育的必备条件。在实际课堂教学过程中，教师的一举一动都对学生有着极大的影响，所以要提升当代大学生的礼仪修养，首先应该提升高校教师的礼仪修养，为大学生的礼仪修养教育活动的展开带来师资方面的保证。

高校应该将礼仪修养纳入教育系统中，开设礼仪修养课程，使当代大学生系统地学习礼仪修养方面的知识及实际应用的规范。据了解，我国大部分高校都还没有将礼仪课程设置为诸如大学外语及思想道德修养这类要求全校学生必修的课程。而这是导致一些大学生缺乏礼仪修养的原因之一，这会在一定程度上影响大学生今后职场中的人际交往。所以，将礼仪修养教育归入高校教育体系中是完全有必要的。

（四）大力开展有关礼仪文化方面的活动

礼仪修养方面的教育要取得成效，就必须结合实践，使得大学生在各种实践活动中加深礼仪方面的知识及规范。礼仪实践活动的开展应该以校园文化活动为载体，在高校校园中营造文明礼仪的良好氛围，开展一些丰富多彩的有关礼仪方面的活动，例如小品、辩论赛等。除此之外，还可以充分利用校园广播等播报一些名人讲究礼仪的事件，树立良好的礼仪榜样。同时高校教师还应该多多鼓励学生参加校内外的各种礼仪活动及公共活动，以此来不断丰富自身礼仪实践经验，将大学生的精神面貌及礼仪魅力充分展示出来。

礼仪修养是一种基本的社会准则，其中主要包括行为规范、道德及习俗礼仪等，不受法律的约束，是属于社会行为调整的一种最为基本的准则。大学生是祖国的未来，所以加强大学生的礼仪教育是十分必要的。礼仪修养的培养不应该仅仅是喊喊口号，更应该将其落到实处，鼓励大学生从身边小事做起。同时礼仪修养方面的培养内容应该适应社会的发展，在大学校园中大力宣传，进而培养出高素质且具备良好礼仪修养的大学生。

礼仪是一个民族文明进步的标志，是一个民族精神风貌的体现；对个人而言，礼仪是一个人外在美与内在美的有机结合，是衡量道德水准和有无教养的标尺。大学生是国家未来的建设者，大学生学习礼仪，掌握礼仪，自觉执行礼仪规范，是人际交往成功的必备条件，也是未来中国文明进步的标志。

礼仪修养不是与生俱来的，也不是一蹴而就的，而是在后天不断的学习和教化中逐渐

形成和提高的。个人礼仪是以文明的行为标准成为一个人自觉自然的行为一种渐进过程。因此作为大学生，需要长期的知识的积累、情操的陶冶和不断的实践。

（五）高等院校要为大学生礼仪素养培养创造条件

大学生个人形象往往与高校形象画等号，所以大学生是否有礼仪直接体现了这一院校的风貌，大学生的礼仪素养的提升有助于整个高等教育形象的维护。高等院校要真正看到礼仪在高等教育中的重要性，加强礼仪教育，设置礼仪课程，把礼仪教学纳入文化素质教育的总体规划中，礼仪教育的目的不是仅仅让学生懂得一些礼仪知识，更重要的是能够让学生把学到的礼仪知识应用到社会生活中去，并能够有所创新，充分体现出新一代大学生的风范。学校要创造条件组织学生参加礼仪实践活动，帮助学生学会适应在不同场合进行交际活动的方式和方法。如学校组织的升旗仪式、誓师大会、演讲报告、社团活动等。这些活动不仅加强了学生的集体精神，而且提供了更多交往的机会，也是践行礼仪知识的好机会。

教师要在学生参与各种学校社会活动的时候，应给予必要指导，这样更有利于学生礼仪素质的提高。

（六）充分发挥个人的主观能动性

学习礼仪的基本前提就是主体有着自己的主观要求，礼仪规范是人们自觉自愿遵守和维护的行为准则，是在个人主观意识控制下进行的，大学生只有充分地认识到学习礼仪的重要性并愿意投身到礼仪的学习中，才可能努力学习礼仪知识，主动去实践。要让大学生认识到"秀外慧中"的道理，大学生有着精湛专业的知识和技能很重要，但是外在的形象、气质，对于个人也是重要的，个人礼仪在个人整体形象塑造中有着很重要的位置，它反映出一个人的精神面貌和内在气质。

礼仪是一个人外在美与内在美的有机结合，内心善良，自然会善解人意，体贴他人，对美有着很好认识的人，穿着打扮自然搭配得体大方。在社会生活中，人们扮演着不同的角色，最佳的礼仪是人们的礼仪符合社会对这个角色所规定的要求。在实践中不断认可自己正确的行为，不断发现自己行为中的不足并及时地改正，把学习礼仪、运用礼仪变成个人自觉的行动，通过长时间的不断努力把讲礼仪发展成自己的行为习惯。

（七）理论联系实际，循序渐进

礼仪是一门应用科学，在学习过程中，大学生不仅仅要掌握礼仪知识和礼仪规范，更重要的是把这些礼仪规范自觉地应用到自己的学习、生活、工作中去，在学习过程中，认识到礼仪的重要性，在自己的社交过程中，不断用礼仪来规范自己，改正过去不合礼仪规范的一切行为，是自己在思想和行为上保持与礼仪要求的一致性，在不断的实践中形成礼仪习惯。

礼仪的学习是一个循序渐进反复实践的过程，对于一些礼仪知识、礼仪规范，要反复体会不断运用，才能真正掌握。现代社会，人际交往越来越多，在学习了礼仪的理论知识后，要以主动积极的态度，坚持理论和实际相结合，将自己学到的礼仪知识应用到社会实践的方方面面，能自觉以礼仪准则规范自己的言谈举止，这样持之以恒，就会逐渐增强我们的礼仪修养，改掉一些不良习惯。

（八）丰富文化知识，努力提高个人修养

修养是一个人的气质、涵养、学识的综合体现，修养并非一朝一夕可以养成，修养是一个不断地积累知识，不断地精进提高的过程，修养是一个没有最好，只有更好的没有终点的修为。

礼仪是个人修养、风度、气质等的综合反映，丰富的文化知识是礼仪修养的重要内容，也是提升礼仪品位的坚实基础。讲礼仪、有修养的一般都是文化知识丰富的人，相对而言，他们考虑问题比较周密，分析问题比较透彻，处理问题比较得当，在人际交往中能够充分体现出他们的个人魅力。因此对于大学生来说，学习礼仪知识只是做有礼仪的开始，学习丰富的文化知识，让我们的礼仪更有内涵，更有品位。

礼仪修养是人一生一直学习的课程，大学阶段是一个人世界观、人生观、价值观形成的关键时期，礼仪修养与大学生的成长密切相关，对于他们将来是否能够成为优雅有修养的人奠定良好的基础。

当今信息、技术高速发展，大学生不仅仅要掌握自己的专业知识，还应该注重自己的综合素质的培养，努力成为一个有理想、有文化、有道德、有纪律的"四有"新人，做一名在德、智、体、美、劳全面发展的新知识分子。当代大学生思想道德修养的提高对于其人生的发展具有促进作用甚至终身受用，我们可以通过教育和自我教育两种方法相结合的方式，从两个方面来提升当代大学生的思想道德修养，做一个"内外兼修"的新时代的当代大学生。

四、当代大学生思想道德修养的含义

有学者认为"素质是指个体在先天禀赋的基础上，通过后天对知识和技能的内化升华而形成和发展起来的相对稳定的品质和素养的总称"。大学生的思想道德修养包括"思想政治与道德素养、社会实践与志愿服务、科学技术与创新创业、文体艺术与身心发展、技能培训等五个方面引导和帮助广大学生完善智能结构，全面成长成才"。我们可以将这几个方面素养概括为德、智、体、美、劳五个方面的协调统一的发展，它们的含义、地位、作用各有不同，同时又是一个有机的统一体。

德指的是大学生的品德的培养，中国有句古话"要成才，先成人！"我国一直都非常重视人才的道德的培养。要培养当代大学生形成较为稳定的心理特点、思想倾向和行为习惯，必须加强对当代大学生的思想政治工作，使其成为促进社会发展、对社会有用的而非阻碍社会发展、危害社会的人。

智主要指大学生的专业知识、技能等。在这一点上对当代大学生的培养都比较迅速，

无论是学生的数量还是质量上都有了很大提高，智育与德育同样重要，它决定了当代大学生的终身发展的方向，是衡量我国当代大学生发展情况的重要指标。尤其是在我国"科教兴国，人才强国"的国家战略的要求下，提高当代大学生的知识文化水平意义非凡，同时对于提高我国的科学技术水平和综合国力有着重要作用。

身体是革命的本钱，有好身体才能更好地学习和生活，这一点无可非议。目前大学生的课外时间自觉参与锻炼更少，大学生要加强锻炼身体。美育方面当代大学生也存在普遍缺失，即使有同学愿意学习一些美学知识也仅仅是出于自己的兴趣。劳主要指的是当代大学生的社会实践活动，如参加一些社区活动，参加专业技能培养或者参加专业实习等。在这方面因为当代大学生所处的阶段等现实情况的影响，当代大学生的课内外实践活动的种类和方式都比较丰富。但是，当代大学生的实践活动大多集中于专业技能方面的实践活动，社区服务活动和志愿者服务活动之类的实践活动则参加的不多。对于老师要求、学校要求的活动参加的多，自愿报名的实践活动参加的少。众所周知，高校是培养高素质人才、创新科技成果的重要基地，大学生要不断地提高自己的德、智、体、美、劳方面的综合素质的水平。当代大学生思想道德修养的提高不仅是其自身发展的需要，也是当今社会和时代对他们提出的更高的要求。

五、当代大学生思想道德修养提升的意义

当代大学生作为掌握高知识技能的人才对生产力的发展起到重要作用，是推动社会进步的积极力量，因此提高当代大学生的思想道德修养在经济和社会发展中具有不可忽视的地位。当代大学生未来也关系着"中国梦"的实现，作为高级知识分子应该发挥自己的重要作用，为实现"中国梦"不断努力。

对于当代大学生个人来说，思想道德修养的提高不仅仅代表自身在人才市场的竞争力的提高，也是自身人生发展的需要。要培养自己的外在气质，使自己成为一个"有气质，积极进取，阳光向上"内外兼修的人才，在人生的道路上综合素质的提高也将使你受益终身，一个"内外兼修"的人才会受到更多人的尊敬，也可以在职场中更好地发挥自己各方面的才能，但是怎样才能提高思想道德修养呢？

六、当代大学生思想道德修养提升的途径和方法

一方面，学校要加强相关课程的设置和相关学科的设置，完善相关的基础设施。大学生要坚持用马克思主义理论武装自己的头脑，形成正确的人生观、价值观和世界观。同时努力学习基础知识，加强专业知识学习促进"智育"的发展。在学习的同时也不能忘记积极参加各种活动，尤其是增强身体素质的活动，目前当代大学生的日常锻炼时间非常少是一个不争的事实。我们要注重自己对美的培养和追求，培养自己高雅的情操，最后要积极地参加各种实践活动。在实践中要重视培养自己的创新能力，因为创新人才培养是加强大

学生综合素质教育必然和根本的诉求。

另一方面，学校基础设施和相关配套设施以及相关制度的建设也是发展当代大学生综合素质的关键，当代大学生可以通过参加学校的相关的实践活动提高自己的思想道德修养。如大学生就业活动中心的设立对于提高当代大学生的思想道德修养起到了积极的作用，当代大学生通过在就业中心见习工作或参加活动中心的举办的各种活动，在活动中学生们不仅锻炼了自己的交往能力和实践能力，也可以达到提高当代大学生思想道德修养的目的。学校还可以完善相关的制度体系来促进当代大学生综合素质的提高，如制定相关的促进学生就业、创业的政策，制定针对当代大学生的奖学金和助学金的政策。这些都是能够促进当代大学生综合素质提高的具体举措。制定一个切实可行的针对当代大学生的综合素质的评价机制。构建一个有现实意义又切实可行的评级机制和制定相关的奖惩措施，对推动大学生综合素质的提高有重要影响。一个公平、公正具有科学性的评价体系对当代大学生的思想道德修养的提高有重要意义。

（一）以学生为核心构建系统的思想道德教育体系

通过构建专业教育＋通识教育的人才培养方式，给学生灌输好公民的态度和理解，帮助学生更好地建立正确的人生观、价值观、世界观。通过通识教育把道德教育与生活紧密结合起来，不能眼高手低只懂得道德教育知识，在生活中却没有道德情感和道德意识。道德教育要根据学生的特点因材施教，要充分考虑受教育者个性的发展需求及个性发展的多样性。从丰富大学生的课余生活，组织多样的课下活动，如帮助孤寡老人，或者组织学生帮助环卫工人清扫街道，或协助交警指挥交通等方式，让学生感受到默默为社会付出的这些人的伟大，增强学生的社会责任感，提升学生的思想道德修养。

（二）以网络为途径助力思想道德修养教育

网络已经成为大学生日常生活中必不可少的一部分，电脑、智能手机的普及发展，使得大学生对社会信息接触得越来越多，网络媒体的舆论导向对大学生来说具有重要意义。就像《感动中国》中的人物，对这些人我们很陌生，如果没有网络和媒体我们根本不知道原来身边存在这么多令人感动的人和事，我们应以这样的人为榜样，向他们学习，树立起我们自身的思想道德标杆。大学生的爱国主义情怀被激发，维护国家权益，维护民族团结成为大学生共同讨论的话题，让大学生感受到身为中国人的骄傲和自豪，让大学生自发地将自己同祖国的繁荣昌盛紧密联系在一起。

综上所述，加强大学生思想道德修养是一件综合性的任务，高职院校肩负着为国家、为社会输送人才的重任，更应该注重对大学生综合素质的培养，充分地发挥大学生自我反思、自我学习的主观能动性，通过课上教学，课下举办活动，引导大学生树立正确的人生观、价值观，不断地提高大学生的思想道德素养。

第二节 礼仪与艺术修养

一、大学艺术教育中礼仪教育重要性

（一）指导学生塑造较完美形象

当今社会，经济发展程度愈发完善，人们对文明礼仪的要求也不断提高。因而，学生塑造良好的外表形象在其工作、交往中有着非常重要的作用。对于个人如此，对于组织也是如此，每个成员，都是组织的形象大使。可见，大学礼仪教育中开设的个人礼仪教育、社交礼仪常识知识，还有必要的交际或形体训练等，对大学生形成端庄的礼仪、渐趋完美的形象至关重要。

（二）引导大学生养成良好性格

人常说：细节决定成败，性格决定命运。礼仪训练的优劣直接决定着大学生性格的好坏，训练礼仪的过程就是形成良好性格的过程。优良的礼仪给他人的感觉就是谦逊大方、彬彬有礼，对于个人魅力的塑造是至关重要的。

（三）构建学生良好的人际关系

在马克思主义哲学当中曾经提到：人的本质并非将单个人的特征进行抽象，而是全部社会关系的总和。我们都明白一个道理，只要有人群的地方就会有多种社会关系，在众多的人际关系中，形形色色的人担任着不同的、多重角色，在不同群体中，需要相互配合与协作，进而满足人们各自的需要。所以，大学生建立良好的人际关系对其未来的发展意义非凡，礼仪教育主要涉及交往态度、求职技巧、为人处世的方式等内容。通过这方面的培养可以使学生自我修养得到大幅提升，并且拥有很强的自控能力。在与人接触的时候能够保持谦卑与乐于助人。如果学生能长时间地坚持礼仪知识的学习，那么其人际交往能力必然得到很大的提升。这些能力对学生将来的发展有着至关重要的作用。

（四）提高学生求职就业竞争力

礼仪教育对于大学生的形象和性格以及人际关系的形成至关重要。对于面向社会求职的大学生来说，最为关键的是提高自身竞争力。因此，礼仪教育可以大大地提升专业技能较强学生的外在气质，使得这些学生内外兼修，从而在社会竞争中保持优势。

二、加强大学艺术教育对礼仪教育渗透策略

（一）正确认识艺术教育，转变礼仪教育观念

广大师生应该正确认识艺术教育，不仅仅注重专业艺术的培养教育，更应该注重文明礼仪教育。在教学观念上，各大高校和所有大学生应该提高认识，转变观念。从本质上明确艺术教育至关重要，但礼仪教育不可缺少。礼仪教育应该在艺术教育课程中成为重要的组成部分。在理论上补充，更要结合实践，在实践中学习礼仪，提高大学生的礼仪修养，全面提高学生的礼仪素质。

（二）礼仪教育走进课堂，课程设置多样化

艺术教育是大学生的必修课，在课堂中渗透礼仪教育是提高大学生礼仪的有效途径，有些大学课程中没有设置艺术教育课程，尤其是以理科专业为主的大学，这种方式使得礼仪制度与我国传统文化之间难以有效衔接，使得礼仪教育和人文教育独立开来，这对大学生人格的培养极为不利。所以，高等院校必须把礼仪教育作为一门必修课程来对学生开设。其次，某些学校由于基础设施欠缺导致礼仪教育可能难以开设，那么可以设置一些选修课以供感兴趣的学生选修。

（三）创设良好学习环境，营造学习礼仪氛围

艺术教育不仅仅局限在课堂教学中，更要在广阔的校园生活中大放异彩，在丰富多彩的校园活动中渗透必要的礼仪教育。因此，创设良好的学习环境，对提高礼仪教育尤为关键。首先，在校园艺术社团中建立礼仪宣传队，通过宣传队的多项礼仪宣传活动，使广大学生看到宣传队员的礼仪带头作用，引导学生明白优雅的礼仪形象是能够训练出来的。其次，如果学院当中开设秘书专业，那么可以举办相关的比赛来进行优秀秘书评选，并将参赛者分成专业组与业余组，然后借助个人才能展示、基础知识掌握程度来进行评选。这种类型的活动一方面可以使得学生更加重视对基本的礼仪规范的学习，另一方面可以让学生们认识到礼仪知识学习的重要性。再次，图书馆应当购进更多的关于礼仪培养方面的书籍，以供大学生学习。最终，务必将通过学习礼仪知识可以提升自身修养的思想灌输给学生，让这种良好的礼仪学习氛围在学生当中扩散。

（四）强化教师队伍建设，鼓励学生提升自我修养

艺术教育教师要在教育教学中创设时间和空间。鼓励学生主动交际，自觉进行礼仪交往，引导大学生在实践中提升自己的礼仪修养。同时，大学艺术教师更要言传身教，用文明的语言感染学生、用高雅的行为影响学生、用儒雅的礼仪熏陶学生，使学生看到自己的榜样，积极主动地学习效仿。鼓励学生及时地改正自身的不良行为习惯，循序渐进、稳步提高、积极进取、文明理智、力争上游。真正做到文明出行、礼貌待人、言谈高雅、形象优雅，无论在哪种场合都能得到大家的尊重和认可，提升自身的人格魅力，转变自身的竞

争地位，达到在学业和事业等方面的稳步发展。

综上，在我国的精神文明建设环境下，大学生礼仪教育是至关重要的环节，因此，教师要结合多方面因素提高大学生礼仪修养，调动家庭、社会、个人、学校等多方面力量齐抓共管、群策群力，力争全面、快速地提高大学生礼仪教育速度，使大学生不仅具备高端的知识，还具有高水平的礼仪修养，成为社会上具有高尚道德修养的高级人才。

第三节　健全的身心素质

从社会、学校、家庭等方面分析影响大学生身心素质的因素，阐释培养大学生身心素质的意义，探究培养大学生身心素质的方法。

身心素质是身体素质与心理素质的合称。身体素质是指大学生应具备的健康体格，全面发展的身体耐力与适应能力，合理的卫生习惯与生活规律等。心理素质是指大学生应具备的稳定向上的情感力量，坚强恒久的意志力量，鲜明独特的人格力量。

一、培养大学生良好身心素质的意义

（一）良好身心素质是社会对大学生的基本要求

健康的身心不仅有利于大学生树立正确的人生观、价值观，形成健全的人格，提高社会适应能力，而且有利于大学生身体的健康、协调发展，使他们茁壮成长。大学生只有具备良好的身心素质，才能承担起建设国家、报效人民的重任。

（二）良好身心素质是大学生成才、发展的基础和关键

大学生成才应具备四项基本素质，其中政治思想素质是主导，科学文化素质是核心，心理品格素质是关键，身体素质是基础。虽然，偏离"主导"会方向不清，抓不住"核心"会没有重点，但如果没有良好的身心素质，大学生发展就会成为无源之水、无本之木。

（三）良好身心素质是大学生发展的内在需要

由于受社会、家庭以及自身发展的阶段性等因素影响，许多大学生没有形成良好的身心素质，这严重影响了其健康成长。因此，为了祖国美好的明天和未来，为了大学生幸福、快乐的人生，必须着力培养他们的身心素质。

二、大学生良好身心素质的培养

（一）树立正确的自我意识

健康、正确的自我意识表现为认识自己和对待自己的统一。这就要求大学生既要能正确分析、观察、评价自己，做到自知；又要能对自己不满意的地方正确看待，肯定、接纳

自己，做到自爱。树立正确的自我意识，需要对成才目标进行正确定位，变过度期望为适度期望。教育者要对学生尊重与要求并重，以鼓励为主、批评为辅；加强校风、班风建设，为大学生自我意识的健康发展创造良好环境。只有多方并举、多管齐下，才能促进大学生自我意识健康发展。

（二）掌握应对心理问题的科学方法

在遇到心理困惑或问题时，要敢于正视，不可逃避。首先，要掌握科学的思维方法，抓住主要矛盾和矛盾的主要方面，各个击破。其次，主动学习心理健康知识，提高心理健康意识，自觉维护自身的身心健康。通过参与心理健康课、心理健康讲座，阅读心理卫生书刊以及寻求心理咨询人员的帮助等途径，正确认识自己的心理状态，针对自己的情况进行心理调整。

（三）合理地控制情绪

人的情绪是有周期性的，总是从平和、高峰、平和、低谷、平和……周而复始，循环往复，高峰体验和低谷体验都是短暂的。在低谷时期较敏感、脆弱，一旦受到外在因素的干扰，极可能采取极端行为，给他人和自己造成无可挽回的损失。所以，当处于情绪的低谷期时，要学会做自己情绪的主人，善于调控自己的情绪。首先，合理宣泄（如找朋友或老师倾诉，唱歌、跳舞等）。其次，积极转移（如感情受挫而转移到学习中去；生活中得不到期望的尊重，就转移到增强自我内涵的活动中去，学习、锻炼、社会实践等都是很好的转移方式）。最后，升华提高（对学习效果不满意，就认真分析原因积极改进；当自己屡屡退缩，不敢展现自己，就寻找机会锻炼自己，直到真正具备实力为止）。

（四）积极参加集体活动，增强人际交往能力

人际交往与沟通能力是事业发展与成败的关键。健康的人际交往不仅有利于大学生个性完善、情绪稳定，而且有利于增强团队和合作意识，并在此基础上获得友情，增强社会适应能力、人际交往能力、表达能力、动手能力、开拓创新能力、组织管理能力、自控能力等。

此外，积极参加体育锻炼，保持身体健康，也是促进身心健康的重要途径。

总之，大学生身心素质的培养和提高，需要依靠学校有目的、有计划地进行，更需要依靠大学生坚强的意志与毅力及其在平时学习和生活中的锻炼。

三、音乐审美对大学生身心素质的影响

（一）音乐审美的价值与情感熏陶性

音乐在各门类艺术中素来享有"皇冠艺术"之誉，在许多大师的美学体系里都享有很高的地位。孔子曾说："兴于诗，立于礼，成于乐"，乐是人进行自我完善的最佳媒介。王夫之曾这样阐发孔子的"成于乐"："'成于乐'……治于视听之中，而得之于形声之外，

以此而已矣"（王夫之《船山全书》）。老子也曾有"大音希声"之说。在古希腊，音乐被认为是追求真理和美的活动，是打开精神世界和宇宙世界的钥匙。柏拉图认为最好的音乐能使最优秀和最有教养的人获得快乐，能把人教育成为美的和善的公民。叔本华的哲学最具代表性，他的哲学可以说就是音乐哲学，他认为，音乐跳过了理念，不依赖现象世界，直抵本体，"音乐乃是全部意志的直接客体化和写照""不是理念的写照，而是意志自身的写照"，音乐是"形体化了的音乐"或"形体化了的意志"，他甚至把"音乐"等同于"意志"："音乐如果作为世界的表现看，那是普遍程度最高的语言"，它诉说着理性的概念无法言说清楚的本体问题，或者说音乐就是"意志"的喉舌，绝不是它的表象，"而只是表现一切现象的内在本质，一切现象的自在本身，只是表现着意志本身"，"是最内在的、先于一切形态的内核或事物的核心"，提供的是"前于事物的普遍性"。

音乐美的最大特点是抒情性，这一点比其他门类艺术更有优势。黑格尔也看到了音乐迥异于其他艺术的地方："音乐是心情的艺术，它直接针对着心情"，因此音乐对人内心的影响是深刻的："如果我们一般可以把美的领域中的活动看作一种灵魂的解放，而摆脱一切压抑和限制的过程，因为艺术通过供观照的形象可以缓和最酷烈的悲剧命运，使它成为欣赏的对象，那么，把这种自由推向最高峰的就是音乐了。"

音乐审美欣赏是艺术哲学的一个分支，是一项音乐艺术实践活动，它通过对音乐的感知、体验和理解来呈现，从而使被教育者获得对音乐美的享受，得到心灵的慰藉和认知的满足。它作为人类文化的重要载体和形态，蕴含丰富的文化历史内涵，以其独特的艺术魅力伴随着历史文化的发展，是人类精神世界的伊甸园。它的过程是认识过程和情感体验过程相互交融的，感性与理性并存的活动，是一个主观能动的再创造过程。音乐审美欣赏是对音乐作品作曲家的创作意图、思想情感、时代背景的分析，增进对作品的理解，再从听觉的直观感知中获得信息，结合现实生活经历以及对音乐的认知，通过想象等一系列的心理活动来探索音乐想要诉说的内心独白，通过心理情感的映射和反馈，产生对音乐美的共鸣。

荀子在《乐论》中提到："夫乐者乐也，人情之所必不免也，故人不能无乐。"音乐对性格的培养、情绪的稳定、心智能力的发展所起到的积极作用，在我国备受教育家、心理学家、音乐家的关注。所以高校应加强对大学生音乐审美欣赏的重视，通过音乐审美欣赏教育来直接受教育者内心深邃的情感世界，使其心灵得到净化和陶冶，人格得到激励和升华。由此可见，增强大学生审美能力，提高大学生的艺术修养。

（二）音乐审美的内涵与心理活动过程

音乐美的构成主要包括乐音、节奏、和声、音色、旋律和曲式，这些要素构成了音乐作品的整体结构。乐音总是在在场和不在场之间来回摆动。节奏是乐音时值进行有顺序的组织，通过节拍、重音、休止、强弱、快慢、松紧等体现出来，是音乐作品的骨架，在许多音乐家那里，节奏都具有比旋律更为重要的表现意义。和声是两个以上的乐音按照一定的规则同时发声而形成的音响组织,西方19世纪以前的音乐都以和声为基本表现形态。旋律由不同音高富有逻辑规律的单声部音乐构成,不同的旋律与紧张、痛苦、欢快等情绪状态密切相关。

音乐是流动的时间艺术,其创作和表演都是为了供人欣赏,它给人们带来美的享受,带来精神层面上的满足与愉悦。以人作为主体和以音乐作品作为客体来说,不同的作品给人带来不同的听觉冲击,即便是相同的作品也会有不同的理解,不同的个体产生的音乐审美感也具有个体性。人们通过主体意识活动,用审美的眼光来欣赏音乐,有选择性地给自身加以影响,可以给身心带来和谐美好的体验。音乐审美欣赏和美学、历史、地理、人文、心理学等学科也有密不可分的联系,可以使学生思维能力从单一转向多维度、多元化的方向发展,与其他学科相互渗透及融合,不仅为自己学科专业奠定了良好的基础,而且为培养开拓性思维做好了准备。音乐审美欣赏是情感可以依托的一种形式和载体,对大学生的自我价值的实现,审美观念的提高,创新思维的养成,丰富的情感表达能力,身心素质的提高,都有举足轻重的作用。

音乐欣赏一般分为审美期望、审美实现、审美弥散三个阶段,它是一个包括感知、记忆、想象、情感、领悟的心理活动过程。第一个阶段欣赏者通过聆听获得对音响的感知和直觉的感受,第二阶段则是通过联想深入地体会到音乐所要表达的思想的过程,而最后一个阶段升华至对音乐的理解、顿悟并产生共鸣。例如华彦钧的二胡曲《二泉映月》。首先,它那百转千回、愁肠啼啼的旋律,给人带来听觉上直接的冲击;其次,从故事、乐理,还有先前的感性经验把握,定性乐曲的基本情绪;再从起伏多变的力度和速度,以及非常具有导向性的标题,理解作者是如何通过对景色的借喻来表达悲愤交加,饱尝人间辛酸与痛苦的内心世界。有了基本的理解后,再进一步把乐曲与当时的时代气息紧密联系起来,把想象的内涵通过心理结构推向本质的最深处,进而引导出这首经久流传的二胡曲并非简单意义上描写景致和借景抒发个人心中苦闷的愁绪的乐曲,而是对那个时代被压迫的穷苦大众刚毅、坚定不挠的性格体现,是对那个黑暗社会的控诉之声,从而把音乐审美欣赏提高到人类社会审美进步的高度,这便具有深刻的现实意义。

就音乐的美感来说,叔本华认为,急促而变化不大的曲调就像人的欲望迅速得到满足,所获得的幸福感一样是令人愉悦畅快的;缓慢的、逆耳的不谐和音要在许多节拍之后才回到主调音上,它就像久久得不到满足的欲望一样是悲伤的,痛苦的,压抑的;快板舞曲短暂而紧凑的节奏就像轻易就得到的幸福是庸俗的;那种轻快的、音句大、音距长、变音幅度广阔的舒展慢调则标志着一个远大高尚的意志,看不起琐屑的幸福:"在柔调中达成最高痛苦的表示,成为最惊心动魄的如怨如诉",但音乐并不是这种个别的愉快、抑郁、痛苦、恐怖、快乐、高兴等,而是抽象地、一般地表示它们自身。只有刚调才能把我们从这痛苦中解救出来:"正是这种专属于音乐的普遍性……才赋予音乐以高度的价值,而音乐所以有这种价值乃是因为音乐可以作为医治我们痛苦的万应仙丹。"音乐审美欣赏是唤起各种心理要素的综合活动,要完整地欣赏一部作品,不仅仅从曲子本身,还得从人类文化的发展做整体分析,需要整个心神的投入,并发散到情感心绪的每一处,从而相互渗透、互相协调,升华为美的体验和感受。

(三)音乐审美对大学生身心健康发展的作用

1. 音乐审美对大学生能力培养的作用

音乐是美的产物,语言的尽头是音乐产生的地方,所以人们通过音乐表达自己的内心情感以及对事物的各种愿望,可以淋漓精致地刻画出令人神往的意境,直接打动欣赏者的心灵。音乐就像色彩斑斓、光怪陆离的梦境一样,让人可以在自己创造的内心世界自由翱翔,使情感和音乐达成共鸣,获得精神的满足。因此,音乐欣赏可以培养大学生对美的感受能力。正因为音乐可以给学生们带来充分的想象,它可以是一个具体的形象,一个复杂的故事,一幅美丽的图画,同时它也可以是一个抽象的概念,一个对某种心理感受的刻画,这种想象联想过程,可以让大学生充分体会到美,并可以培养学生思维的广阔性、独立性、新颖性。在感受和体验到美得基础上,大学生可以对美自主地进行创造,这是学生在具体的应用或学习生活的拓展和延伸中的一种表达方式,这是在对周围的事物和自己本身的深入的认识后,得到的情感升华。

音乐审美欣赏培养了大学生们审美的能力,调整他们的审美观、价值观、人生观,从而使压抑的情感得以抒发、情绪得以释放。

2. 正确开展大学生音乐审美欣赏

大学生具有探索精神,他们善于透过思考来发现问题的本质,因此大学生对音乐审美欣赏的选择和倾向与其文化层次、成长环境、个人兴趣息息相关。根据不同的个性差异可以提供古典、流行、民间、世界各种不同特色的音乐来进行普及与推广。让大学生乐于参与其中,并从音乐审美活动中获得良好的情绪体验,产生乐趣,同时得到感知力的提高,迅速判断和协调身心的能力得到锻炼,使其变得更加敏捷、灵活。综上所述,我们需要关注以下三点:一是使注意力引向音乐;二是注重音乐中的情感的抒发,它有助于消减学习等的心理压力;三是对音乐形态时代性的分析,激发大学生的爱集体和爱国家的热情。

学生在大学期间是非常想体现自我的阶段,而音乐审美欣赏恰巧可以增加情绪的稳定性及和谐性,对独立人格的形成和自我效能感的提升有显著作用。音乐审美欣赏可以营造学生在一起相互交流、团队协作、共同探讨问题的轻松愉悦的环境,以消除工作、学习、生活中带来的烦恼、压力及疲劳感,给身心以舒适,进而表现出良好的情绪状态。这就在很大程度上抑制了内心的矛盾与冲突,消除了心理上的忧郁和躁动,平复了心理上的焦躁,维持了内心的平衡。只要方法得当和引导正确,通过音乐审美欣赏来缓解和改善大学生由于各种来自社会、家庭、就业、生活等方面的压力而产生的心理压抑及焦虑的效能是显而易见的。音乐审美欣赏以其特有的表现形式和强大的影响力可以满足大学生追求真善美、寻求理解、追寻自我、寻找爱和归属感等高层次的社会需要,从而激起大学生乐观稳定的情绪，积极向上的生活态度，培养其健康向上的人格。

大学生音乐审美欣赏，是一复杂且精细的教育和心理认知过程，我们应思考和研究每一个教育和心理环节的互动过程，从心理特征了解音乐审美活动，把握音乐审美欣赏心理中所蕴藏的规律，最大限度地提高大学生的音乐鉴赏力和音乐审美判断力。大学生由音乐元素的基本概念认知至音乐的鉴赏与表现，是一个渐进的过程，掌握音乐作品的适宜度，有效地开展音乐审美欣赏陶冶模式的心理教育，充分地发挥音乐艺术的心理健康功能，是润物细无声。大学生音乐审美欣赏力的提高，其必将会有意无意地把这种美学修养迁移到其他的学习生活中，其后续效能是难以估量的。

四、定向运动在提高大学生身心素质中的作用

定向运动是利用一张详细精确的地图和一个指北针按照规定顺序，独立寻找若干个标绘在地图上的地面检查点，并以最短时间跑完全部赛程为胜的体育运动项目。定向运动自20世纪80年代初传入我国以来，在高校中发展迅速，因其具有技术性、趣味性、竞争性等特点，既可以培养高校大学生的独立分析问题和解决问题的能力和拓展思维能力，又可以在自然界中陶冶情操、锻炼身体，从而能够起到提高大学生身体素质和心理素质的良好作用。

（一）定向运动在提高大学生身体素质中的作用

1. 可以促进大学生耐力素质的提高

定向运动往往是不借助任何交通工具，徒步寻找目标，因此如果没有良好的耐力素质是很难完成比赛任务的。然而仅仅把枯燥乏味的长跑作为提高耐力的有效手段，已经很难吸引大学生的兴趣。定向运动所特有的趣味性使大学生乐于坚持长时间的耐力锻炼，他们穿梭于空气清新的丛林、山地、溪流、沙滩、湖泊等自然风光之间，角逐着体力，较量着智力。大学生在不断地判断地形和选择路线中，快乐地接受野外生存训练，在不知不觉中锻炼耐力，同时也提高意志力。

2. 有助于培养大学生的适应能力

定向运动这种新型体育项目不用太多投资，只要绘制定向地图和很少的器材，就可以充分利用校园、公园、郊外田野、森林、山地、沙漠、草原等现有地形条件，把仅限于体育课堂的、竞技性很强的跑、跳、投、攀爬、跨越等基本内容延伸到社会和大自然中去，最大限度地拓展了体育课堂的空间和时间，使大学生的活动空间增大。对于参与者来说，每一次任务都是新鲜的，其中所遇到的困难和问题都是不可预见的，这就要求参与者用自己的智慧、体力和与他人合作，尽快适应各种环境，及时处理遇到的问题，使他们在不断战胜困难和体验成功的过程中，增强适应能力。

3. 有助于培养大学生终身体育的意识

定向运动要求参与者除了具备定向运动的相关知识外，还需要具备一定的体育理论、

体育卫生、自然常识等知识，以便在运动中科学地分配体力，合理地调整呼吸，控制跑的姿势和速度以及运动中的伤病预防，自救和互救。通过定向运动这种方式使大学生在课堂上所学到的知识在实践中得以应用，这样把理论与实践结合起来有利于大学生养成良好的锻炼习惯和形成终身体育意识。

（二）定向运动在培养大学生心理素质中的作用

1. 有利于培养大学生顽强的意志品质

定向运动的比赛都规定了一定的距离，设计了一定的路线，而且在定向比赛中道路复杂多样，这要求参加者有很快的速度和良好的耐力。它特有的趣味性使学生乐于进行长时间的耐力锻炼，学生在寻找标志点的过程中需要克服一定的困难。这对于学生的意志品质起到很好的磨炼作用，从而促使学生养成敢于面对困难、挑战困难、战胜自我的品质。

2. 有利于大学生独立判断能力的培养

为了在最短的时间内找到目标，定向运动的参加者必须根据比赛的地图，独立准确地确定自己所在的方位，并且快速决定前进方向，选择正确的运动路线，从起点到终点都必须独立地作出所有决定，没有任何提示。在整个活动过程中，自己的果断独立能力决定了路线的正确与否，从而影响整个比赛的进程。所以说，定向运动对于培养大学生的独立思考与判断能力非常有效。

3. 有利于大学生个性的培养和发展

定向运动不仅仅锻炼了学生的耐力素质，而且还促进了学生个性的发展。学生在跑动过程中学会思考、选择最佳的路线，同时在找点的过程中持有一丝不苟的精神和认真仔细的态度，根据地理位置判定自己在图上的实际位置，从而培养学生独立解决问题和分析问题的能力，防止和避免优柔寡断、孤僻怯懦的性格，使学生在运动过程中充满信心，体会到成功的乐趣。同时，教师鼓励学生勇于创造、积极进取，鼓励学生努力学习，使学生在定向运动中既锻炼身体，提高运动技能，又达到发展个性和完善人格的目的。

4. 有助于发展大学生的协作精神

学校体育教学的目标之一就在于增强学生的社会适应能力，对于当今社会而言，社会适应能力就意味着要与别人充分合作，协作意识与协作能力已经成为人们生存发展的重要内容。定向运动本身就是一项需要参与者相互交流、互相协作的项目。在教学中遵循由易到难、由简到繁的原则，根据学生的自身特点，分配不同难度的任务，明确比赛规则，使学生只有通过相互切磋、积极协作才能完成任务，最终经过团队的努力找到目标、到达终点，又可以充分地体验到合作带来的快乐。而开展班际、系际、院际比赛，还可以增强学生的集体荣誉感。

第四节　大学生思想道德修养与礼仪修养

　　大学生思想道德修养的高低决定着我国未来国民素质水平，所以加强大学生思想道德修养与礼仪修养的培养十分必要。

　　在现代社会中，道德与礼仪，约束着每个人的行为举止，推动着社会文明有序地向前发展，维系着人与人之间健康和谐的社会关系。礼仪与道德修养是中华文明的传承，是社会发展的根基。

一、加强大学生思想道德修养与礼仪修养的意义

（一）有助于完善大学生人格的需求

　　人格具有一定的魅力，是人的心理过程与特征的总称，是内在素质与外在素质的统一表现。日常生活实践证明，思想道德建设成功的关键是要与日常生活的行为规范紧密结合，生活实践最容易强化人的思想观点、礼仪行为与心理道德。因此，培养大学生思想道德修养与礼仪是推进学生人格向前发展的驱动力。

（二）有助于提升大学生的人文精神

　　高校教学的重要目的之一是提升大学生的人文精神。一个人的举止是否优雅、是否有气质是文化素质底蕴的表现，更是人文教育结果的检测。大学生通过对礼仪规则、姿态、语言的培养，学习高雅的礼仪与风度会体现出谦逊有礼的风范。

二、加强大学生思想道德修养与礼仪修养的方式

（一）加强学校的思想道德建设

　　大学生的思想道德建设是一个长期且艰难的过程，教育需要日积月累才会有成果。思想道德建设在大学期间有着塑造与定型的作用，因此，高等院校要加强学生的思想道德建设，除了在日常理论教学方式培养上，更要注重在大学生的日常生活实践培养。例如，带大学生走进社区敬老院，关爱孤寡老人，陪老人说说话、聊聊天、整理内务等，亲身感受思想道德文明建设的成果。社会实践是比理论教学更直观、更具有教学效果的教育方式，所以，在授课方式上要改变以往的传统方式，鼓励大学生走出校园、走进社会、贴近生活，让大学生在实践中自行思考什么是道德文明，什么是礼仪修养。

（二）加强心理教育

　　当代大学生由于学业的压力、就业压力心理状态波动较大，如果高校不加强心理教育，大学生心理健康就会有下滑趋势。高校加强心理教育迫在眉睫，学校可以开展一系列的心

理健康讲座，给大学生讲解思想道德建设的重要性，使大学生认识到道德与礼仪缺失带来的严重后果，形成良好的礼仪日常规范，并自觉遵守。

（三）塑造大学生的思想道德与礼仪修养

思想道德修养最重要的是让学生去具体实行，社会与高校采取的任何培养方式最终还是需要大学生去认可、去实践。首先，大学生要学会自行思考、对于社会中思想道德缺失的现象进行思考与反思。其次，要自觉学习，学会用辩证的、全面的眼光看待问题，不要随波逐流。最后，对于正确的思想道德与礼仪修养要自觉遵守和坚持执行，用自己正确的言行影响他人，充分体现出当代大学生的素质，真正地展示出我国大学生的风采。

总之，高校要结合各方面的力量全面培养大学生的思想道德与礼仪修养，在实际教学中，要深入探究更有效的教学模式，为大学生思想道德建设工作顺利进行做好准备、为我国综合素质的提升作出努力、为国家培养高素质人才，为实现"中国梦"贡献一份力量。

参考文献

[1] 夸美纽斯.大教学论[M].傅任敢,译.北京:教育科学出版社,1999:24.

[2] 韩秋红,等.现代西方哲学概论[M].北京:北京大学出版社,2010:91—94.

[3] 尼采.看哪这人[M].北京:中央编译出版社,2001:106.

[4] 班建武."新"劳动教育的内涵特征与实践路径[J].教育研究,2019,(01):21-26.

[5] 王江松.劳动哲学[M].北京:人民出版社,2012:50.

[6] 孙正聿.属人的世界[M].长春:吉林人民出版社,2007:8,8.

[7] 帕斯卡尔.思想录[M].何兆武,译.北京:商务印书馆,1986:7.

[8] 李珂.嬗变与审视:劳动教育的历史逻辑与现实重构[M].北京:社会科学文献出版社,2019:220.

[9] 黑格尔.小逻辑[M].北京:商务印书馆,1980:36.

[10] 瞿葆奎.中国教育改革[M].北京:人民教育出版社,1991.

[11] 颜习斋.存学篇·卷二·性理书评.转引自梁启超.中国近三百年学术史[M].北京:人民出版社,2008:124-125.

[12] 张烁.在学生中弘扬劳动精神[N].人民日报,2020-04-02.

[13] 黄琼.新时代加强劳动教育的价值与实现路径[N].中国教育报,2020-04-14.

[14] 陈宝生.全面贯彻党的教育方针,大力加强新时代劳动教育[N].人民日报,2020-03-30.

[15] 姜大源.刍议新时代劳动教育的时空构建[J].国家教育行政学院学报,2020,(06):45.

[16] 张卓玉.对劳动教育体制机制建设的思考[N].中国教育报,2020-04-01.

[17] 汪洋.在动手动脑中培养时代新人[N].中国教育报,2020-04-01.

[18] 王福强.为师生赋能:魅力校园的构建智慧[M].上海:华东师范大学出版社,2020:113.

[19] 王国维.论教育之宗旨[J].济南汇报.1903(32):5-6.

[20] 蔡汀,王义高,祖晶.苏霍姆林斯基选集5卷本.第1卷[M].北京:教育科学出版社,2001.

[21] 习近平在乌鲁木齐接见劳动模范和先进工作者、先进人物代表向全国广大劳动者

致以"五一"节问候[N].人民日报,2014-05-01(01).

[22] 郭立场.让劳动教育塑造年青一代美好未来[J].重庆与世界,2018(20).

[23] 王洪贵.立德树人视野下劳动教育的功能定位及实践[J].教育理论与实践,2020,40(26).